U0031310

為求真理登淨域，
為學佛法入寶山。

◇佛光山叢林學院院訓

要有觀音菩薩的慈悲，
撫人心以大無畏。

要有文殊菩薩的智慧，
施慧劍以斬煩惱。

要有地藏菩薩的願力，
度眾生而不退轉。

要有普賢菩薩的功行，
常精進而深行佛。

◇佛光山叢林學院創辦人的話

你能為佛教做什麼？

佛光山開山　星雲大師

二〇〇六年八月十四日，星雲大師在佛光山如來殿大會堂為佛光山叢林學院畢業生的開示與祝福：

我們叢林學院在慈惠法師四十多年的領導，以及院長滿謙法師的辛苦之下，今天又有一些學生即將畢業了。畢業生中有出家眾，有在家眾。出家眾畢業了，我一點都不掛念，因為他們在佛教裡弘法利生，各有安置的位子。我比較掛念的是在家眾，讀了佛學以後，要到哪裡去呢？要做什麼呢？

四十多年前有一位青年寫信給我，他說：「我們想要信仰佛教，但是不知能為佛教做什麼？」當時，我心裡有很深的感觸，也暗暗的在想：我要讓青年在佛教裡做什麼？後來我為人生訂下了所謂「以文化弘揚佛法」、「以教育培養人才」、「以慈善福利社會」的理念，所以現在佛光山文化、教育、慈善單位很多。

另外，也以「共修淨化人心」，共修是一種團隊活動，藉由共修來淨化我們的身心。其實，佛光山四大宗旨主要就是讓青年有目標、有方向。

今天的畢業典禮，我有幾點意見勉勵青年朋友們：

第一、畢業常回家

我曾經跟佛光青年們說，要常回到常住；叢林學院的同學們也是如此。

畢業生畢了業，分散到各地之後，要能常回家，要常常回到母校、母

院，常常回到常住來。我們每一個人都有家，那是父母、色身之家，回到常住則是回到法身慧命之家。你們在這邊念書，法身慧命的成長，必定要透過常住來幫助。所以，各位要常常回家。俗家有親人、有溫暖，有家庭的倫理、次序，常住、叢林也是一樣，裡面有同門、有同道、有軌則，會鼓勵、引導我們如何發展。如果我們的青年不想回法身慧命的常住，就好像斷線的風箏，究竟要飄浮到哪裡去呢？

我在這裡也要和在家眾同學們說，各位畢業以後，總不能再依靠俗家的父母來養你！或許你說再回到社會上去，你有什麼專長能為社會服務？你讀的是佛學專科，只有回到常住，甚至與過去的一些學長看齊；當然，我是不鼓勵人出家的，但是在這裡不客氣的說，出家是唯一的前途，唯一安全發展的一條道路。

第二、佛子走出去

佛弟子要走出去。出了家，以寺廟為家，但也不能在有得吃、有得住的情況下悠閒生活。出了家，應該志在四方，要走出去。過去我曾說，佛教要從深山裡走出去，要從寺廟裡走到社會，走入群眾裡，才能弘法利生。每一個人也是如此，要在佛門的文化、教育、慈善事業裡，找出自己的一條路。不論你喜歡做什麼，都要能發心；天下雖然很大，你不自己去努力爭取，不自己去播種、耕耘，未來的天地、收成也不會是你的。

第三、踏遍全世界

有句話說：「一缽千家飯，孤僧萬里遊。」我們弘法的足跡要踏遍全世界！世界上走路最多的人，有人說是商人，為了經營、賺錢、做生意，走遍多少國家、城市；再者就是軍人，為了打仗、征討，再危險的地方都

要前往；或者有人說是探險家，為了探險，登高山、下海洋，探求珍奇。另外，世界上走路最多的就是僧侶，他們有所謂的「雲遊」、「行腳」，過去佛陀在世的時候，為了弘揚佛法，走遍五印度；法顯大師冒險西行求法；唐三藏玄奘橫渡流沙，西行取經。為了弘法，他們不惜一切，把真理、歡喜布滿人間。

所謂「行腳」，就是不可以躲在家裡，要踏遍全世界啊！佛法要有人弘揚，才有人信仰，沒有人宣揚，就如再好的花朵，沒有原料、沒有水分灌溉，它也會慢慢枯萎。

第四、心中有佛法

畢業生過去在叢林學院裡研習佛法，至少都有四年以上了，這四年的時間看起來很長，實際上也很短；浩瀚的佛經，豈止是四年的時間能通達的呢？佛法也不一定在多，一句佛法，你真正信了、真正行了，對你還是很有用的。所以，各位畢業生，心中要有佛法，有佛法就有辦法！

什麼是佛法？慈悲是佛法，你能把慈悲的種子散布到全世界嗎？歡喜是佛法，你能把歡喜布滿整個社會嗎？智慧、般若是佛法，你有聰明、靈巧、方便、能觀機逗教去度眾生嗎？忍耐是佛法，你有忍耐委屈、擔當苦難的勇氣，就能走遍天下。佛法還有很多，三法印是佛法，四聖諦是佛法，八正道也是佛法，只要你擁有其中的一點，就用不了了。

世間上的財寶有用盡的時候，而佛法的財寶是用不完的，你擁有慈悲，慈悲用不完；你擁有智慧，智慧用不完。所以，各位畢業的同學們，心中要存有佛法。

每一位佛學院畢業的同學站出來，與社會上一般人還是不一樣的，為什麼？因為他有佛法、有氣質、有慈悲的樣子。

最後，希望各位畢業生：

第一、畢業常回家：回法身慧命的家。

第二、佛子走出去：所謂「弘法遍天下，利生滿人間」。

第三、踏遍全世界：過去出家人為了吃一餐飯，要出去行腳托缽；經典裡說，三十里路之內不去應供，叫做「懶比丘」。所以我們要藉由行腳、旅行，把勇猛精神、把佛法帶出去。

第四、心中有佛法：要將佛法傳播出去，最重要的是自己要有足夠的本錢。所以，每個人心中要有佛法。

以上四點提供各位畢業生做參考。感謝我們多少老師的辛苦教育，感謝家長給予我們的護持，感謝功德主們熱心於人才的栽培，一再捐助獎學金，也感謝所有關心我們的人。

今天大家成長了，要邁出去了；過去接受別人的因緣，凡事都是別人給我們，現在我們也應該把別人對我們的好、給我們的善緣布施出去。這是我對各位畢業生的希望。祝福你們！

◇序

嚴之煦之守護菩提苗

佛光山開山寮特助　慈惠法師

六、七十年前的台灣，人們所認知的佛教，其實大多是結合民間信仰的齋教，當時所有的佛學院都不是獨立的，而是某座寺廟裡辦一個佛學班，其他寺院的出家人可以選擇在這裡就讀，學習期間大概兩年，兩年結束就不再辦了，並沒有一個持續性。加上佛學院跟寺院在一起，學生要分擔常住[註]很多的工作，常常不能正常上課，課業的學習和常住法務、作務等，經常會因此起衝突。星雲大師早年即對教育非常重視，以辦佛學院為第一要務，他早就觀察到這些問題，所以一開始創辦壽山佛學院時，就將佛學院獨立不含攝於常

註
常住：就是寺廟，不管稱作「寺、院、庵、堂」，總合都叫作「常住」。寺廟是佛住的地方，不是臨時的，是恆常的，因此稱為「常住」。

住體系。

從壽山佛學院開始，我就跟著大師辦學，大師一生的理念就是為佛教培養人才，唯有受過教育、提升素質，僧眾對弘法利生才能更有深度和廣度。因此大師將四大菩薩的「悲智願行」做為佛學院（壽山佛學院及後來的叢林學院）的院訓，要求佛學院的教育要能養成菩薩度眾的悲心願力，要養成持戒、正派的僧格。在這種理念下，對學生非常嚴格，除了出家人最基本的行誼及佛法的養成外，還要有文學、哲學與史學的涵養，也要能因應現代社會乃至未來社會的度眾需要，學習相關的知識與技能。因此，很多其他佛學院學生跑來報名，因為聽說這裡管得很嚴，所以才來。

大師為佛學院訂下規矩是：每學期從報到那一刻開始，就不可以外出，等學期結束，才給出去。第二條，一個學期只能會客一次，只限於會見父母或自己的師父。其他如生活必需品，是大家登記好後，由在家眾統一出去採買。所以，我們的佛學院由始至終，是完整的佛門、佛學教育，這對於當時有志學佛的青年人，是很大的吸引力，因為可以好好安心的讀書。除了讀書之外，對於五堂功課、經懺法務的訓練，也一點不含糊，在嚴格的要求下培養出來的學生，都很靈巧而且

非常有團隊合作精神。

後來學生愈來愈多，壽山寺場地不敷使用，才找了大樹的麻竹園（現在的佛光山），當時荒山野嶺蟲鳥不生，大師興沖沖帶著一車信徒去勘察，信徒一看那遍地刺竹，都不願下車，說：「這地方鬼都不來！」大師說：「鬼不來沒關係，佛來就好了。」大師就這樣留下來開墾，有時候同學也會上山來參與開墾工作，他們參與撿石頭（推土機挖土有很多大石頭撿下來水土保持用）、挖土等工作，雖然辛苦，但是看著一點一滴將學院的雛形建起來，很幸福快樂，學生對這塊土地有深厚感情，到現在都懷念。

早期學院的一日作息，早上四點三十分起床早課，到晚上九點晚課。學生除了學習以外，還承擔很多常住的工作，比如山上的法會都是由佛學院出家眾同學承擔，在還沒有朝山會館之前，高雄的信徒來了就住在西上[註]前面的房間，在家眾就負起知賓接待的工作。解門方面，教務處排了很多課程，包括自然科學及佛學，有些較深奧的，師父知道學生聽不懂，就採用小老師制度，晚上七點後幫助同學溫習，雖然

註

西上：佛門中，面向佛像，右邊稱東單，左邊稱西單。佛學院院舍面對大悲殿靠左邊的二樓寮區，稱為西上。

佛學院的文憑不能當飯吃，可是大家都很認真的讀書。我半夜出來巡寮[註]，發現有學生躲在廁所裡面讀書，師父知道了，跟我說：「你不要這樣子，你應該很感動啊！半夜有學生躲到廁所裡讀書！唯一那裡可以開燈啊，你就放他們一馬吧！」這就是大師一直教示我們「訂法要嚴，執法要有人性」的慈悲精神，後來這些學生大多成為佛門龍象，在全球各道場弘法利生，他們非常發心自律，連放香日都在工作，繼續為信徒服務，想來這與當初的教育扎根很深有大關係。

一路走來，我深深感受到師父上人辦學的用心，在那段日子師父的生活就是學院的一切，困難從來沒有難倒他，這樣的精神與動力，如今也投射在分派世界各地的佛光山法師身上，我們從本書裡一篇篇的文章可以感受到，在佛學院的辛苦養成，將大家打磨得熠熠發亮；而師父上人的言教身教也化做無限的動力，無論遇到什麼問題，總能想辦法克服。期望這樣的精神，透過本書傳達給更多人，過去大師的佛學院僧伽教育救了佛教，今日我們要把大師的教育理念傳承下去。

註 巡寮：是叢林裡特有的制度。過去的叢林地廣人眾，舉凡新進人員認識環境，住持定期到各寮口慰問探視，夜晚防止宵小入侵，到各個寮口巡視、巡更，都稱為巡寮。

❷

◇序

佛學院的點石生活

佛光山傳燈會會長　慈容法師

自一九六五年起，星雲大師於高雄創辦壽山佛學院，之後由於學生人數增多，空間不敷使用，遷移到佛光山，更名為東方佛教學院（即今「佛光山叢林學院」），迄今已經超過五十五年頭。五十多年來，在大師的悉心栽培之下，弘法人才遍布海內外，惜因今日即將出版的二冊《我在佛學院的日子》，礙於篇幅關係，僅能收錄其中的近百篇投稿，希望未來再有第三集、第四集……的推出，讓更多「我在佛學院」的法喜，能持續的與讀者們分享。

話說在篇篇的撰文當中，由於每個人過去的人生經驗、經歷不同，學習過程的感受、體會也有不同，有的從服務奉獻談菩提心的增長，有的從見賢思齊談弘法利生，有的從清潔打掃談謙卑的學習，有的從晨鐘暮鼓談身心的安頓，也有的談課誦修持、談體育運動、談威儀訓練、談環境院風、談出坡作務、談找尋真理、談課堂學習……但歸結其中的內容，則有一個共同之處——佛學院的生活之於人生的轉變，確實起到了一定的作用和影響。

在社會上，一般人聽到「佛學院」，總要與呆板、枯燥、單調的生活畫上等號，以為佛學院的生活只有誦經、拜佛。事實上，從這些文章中，我們看到了佛學院教育的豐富多元，有知識的教育，也有生活的教育；有學識學理的教授，也有專長技能的開發；有知識層面的學習，也有實務應用的踐行；有靜態的佛門修持，也有動態的活動參與。換句話說，佛學院的生活是動靜皆宜，寧靜中有其活潑，活動中有其寧靜。

尤其佛法教育不同於一般的社會教育，除了師長的授業、解惑，還有一個最大的特點——重視「自覺的教育」，藉由佛法的引導，讓學生從自

我的覺悟中，體會人生的真諦，創造生命的價值。因此，在佛學院的日子，舉凡行立坐臥的威儀養成、出坡勞作的道念啟發、生活細節的習慣培養、日常規矩的奉行實踐、自我心性的觀照反省、做人處事的圓融應對、觀念想法的建立昇華等等，在在都是開發生命潛力、提升生命品質，翻轉我們生命的契機。

一所佛學院能夠擁有五十年的歷史，在佛教史上並不多見，而如今佛光山叢林學院已經創辦五十五年，這背後的推動力來自星雲大師「以教育培養人才」的慈心悲願，推動「人間佛教」的廣大宏願。透過此書的出版，希望未來能有更多的青年認識人間佛教、學習人間佛教、弘揚人間佛教，讓人間佛教的光輝普照到社會各個角落，利益廣大的眾生。

◇序

法燈不盡

佛光山叢林學院院長　妙南法師

佛光山叢林學院，走過五十六週年，這裡是佛光山歷史的起點，更是所有初發心菩薩長養聖胎、刻苦用功最深的回憶。佛光山每一年舉辦一次徒眾講習會，凝聚弟子們弘法的共識，最精彩的「會中會」，便是同一屆的畢業生共聚一堂，話說佛學院的趣聞妙事。

星雲大師說，佛光山的特產是歡喜；但每一段修行生命，或者經歷親人眷屬千般不捨，或者是個人習氣百般難耐，或是佛法義理窮究於心，可以說每一項都是不容易的課題，因為不容易，所以面對、承擔、突破、放下，再回頭一望，突然鮮明眼前，成了妙趣無窮的好滋味。

我自己從師範學校畢業、擔任教職，再到佛學院就讀、出家，從老師變成法師，點滴看見佛光山培養佛教人才的全面性、開闊性與實踐性。在鐘板不斷的叢林中，大師永遠都是一句「只要你肯，你就能」，因此承擔、發心就有未來；在僧信二眾共同薰修的和合中，大師有「破銅爛鐵也能打煉成鋼」的慈悲願力，因此給足了弟子們發揮解行的平台；而在佛光山的國際弘化視野中，大師小從一碗麵、一首佛曲、一場籃球賽，大到一場國際會議、跨宗教交流，在在顯發《法華經》中「開、示」法義真理，而後「悟、入」證成覺性的教育方法。

很多人說我是佛學院最年輕的院長，心裡清楚，真正顯發的不是我的能幹與否，而是大師培養人才的苦心。他常告訴我：「不要怕，有問題來找我，我陪你一起解決。」於是站在一代大師身後，我的步履慢慢踏實，也應現佛光山重重無盡華嚴法界，站在這片佛光山的起點，大師的法身如如，這裡的一草一木始自於他親手種植，這裡的每一份精神、每一個規矩，都由他親自指導制定；甚至對於課程師資，大師始終堅持找最好的老

師、不計成本開最好的課程，果真，承擔是無畏的養分，更是承上啟下的幸福。

此書由前任院長妙凡法師發起，感謝香海文化妙蘊法師帶領編輯群，更感動大師一聽聞此書即將出版，交代書記室妙廣法師贈與「悲智願行」墨寶，做為創辦人的期勉，這是佛光山叢林學院的院訓，更是佛光山菩薩道精神始終如一的行持。

佛學院五十六年來培養五千餘位僧信弟子，本次輯錄七十位僧信二眾畢業校友的文章，現在都住持一方，為佛教努力奉獻，可以做為弟子呈顯師父上人的教育妙法，也可以說是每一段修行生命的「修行道跡」。

《我在佛學院的日子》本次分成兩冊，祈盼未來繼續有第三、四冊，讓法燈不盡、法幢高樹。

這是人世間最平等的選拔場所，
非與他人比美貌或比技藝，而是
與自己的習氣較勁。
麻竹園

【目次】

序

圓門 交會的火花

六十坡
一步一華嚴

成佛之道
悲智願行下的

圓門
交會的火花

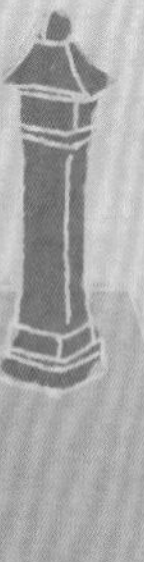

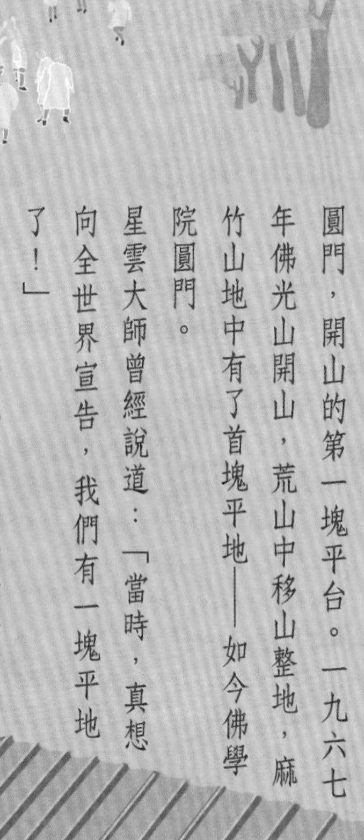

圓門，開山的第一塊平台。一九六七年佛光山開山，荒山中移山整地，麻竹山地中有了首塊平地——如今佛學院圓門。

星雲大師曾經說道：「當時，真想向全世界宣告，我們有一塊平地了！」

昔日，是佛光山唯一活動舞台；現在，是佛學院學生出坡集合、接待參訪、梵唄習唱場所。大師每每回到佛學院，必選擇這塊小平台師徒接心。從圓門走過的學子，已逾五千位，佛學教育舉辦逾五十年。

青松萌芽 師恩浩瀚

前言

佛光山開山宗長星雲大師的佛教事業，包羅萬象，化境無數。其中「教育」一項，始終是大師念茲在茲，戮力成就的非凡功業。我輩何其有幸，能受教於壽山佛學院第二屆（一九六六－一九六九）。彼時正是佛光世紀歲華的始端，千載一時的珍貴經歷。即使五十年過去了，那源頭的光、人事的美，依然雋永深致的浮現心頭。謹就當年的見聞學思，略述一二事蹟，聊以供養後來者。

壽山寺・壽山佛學院

台北善導寺在民國八十四年元旦，出版一冊《民國佛教大事年紀》。其中，民國五十三年的條目中記載：「高雄壽山公園新建的五層大樓壽山寺，於十一月二十九日舉行落成典禮。該大樓高七十二尺，為台灣最高的佛寺，費時二年始建成，創建人星雲法師，在落成典禮時，特將一粒親由印度請回的釋尊舍利，安放在最高的萬壽塔上，使佛光普照人民。」

接著，在五十四年的條欄中，記載：「高雄壽山寺住持星雲法師，於該寺創辦壽山佛學院一所，專為培植女性青年，為期三年，於三月中開學授課。」

這是壽山佛學院第一屆的成立，在台灣最高的佛寺，創辦了當時最好的佛學院。很快的，名聲遠播，佛門女青年崇仰慕道而來。民國五十五年春季，續招第二屆新生二十四名，其中有來自新加坡福海禪

院的幾名弟子。

壽山寺五層大樓，從底層的大寮（廚房）、齋堂、客堂、衛浴間；二樓大佛殿；三樓玉佛殿、寢室；四樓教室、納骨塔；到五樓教室等。師生們以及常住職事的生活空間，全在這裡。每日三餐，早晚定課，上課自修，沐浴更衣，都在這不設電梯的大樓間，足步上下不知幾回。學習的熱忱平衡了體力的消耗，不知疲累，只有歡喜。授課老師有外聘來七十歲以上的長者，同樣得扶梯而上，視為平常。

空間的局限，構成師生間生活型態的平等自然，彼此互動的親近融洽。尤其在同一樓層住宿的監學、教務老師，朝夕不離，日夜照面，幾乎是板聲伊響，身影在前。監學老師既嚴也慈，更多時候如慈母般的殷導善誘。學生的喜怒哀樂、精進懈怠，全在老師的慧眼照護中。

彼時，還未建立「大師」稱謂。星公院長是全院最高的領導，也是精神堡壘。院長為學院定下「悲智願行」的院訓，要學生效法大菩薩的德行，自己更身心力行，無論教學、待人處事，總是熱情洋溢、悲願無窮。

院長時時訓誨，不要做井底蛙，要「眼光遠大，與時俱進」。課堂內的學科，除主要的佛學外，世學也豐富多元。每學期且安排名人演講一至二次，力邀教界長老大德，或學人專家蒞院演講。每逢此際，我們會看到院長喜溢眉宇的引領貴賓入室登壇，然後陪著大家凝神聆聽。記憶中，南亭老、東初老、道源老等當代佛門耆宿，以及馮馮等名作家都曾光臨。

院長肩負學院的一切事務、開銷，還籌備未來建院的大事，風塵僕僕於南北台灣，但不影響上課的節數，每週至少有六堂課。若外出歸來，隔天在課堂上會向大家暢談見聞，舉凡佛教現況、社會動態、國內外時局等都是即席教材。因此，學院雖處本島南隅，遠距核心都會，但是永遠充滿活潑生氣的氛圍。頗有蓄志待發，佛教看我的高遠向度。

壽山寺創辦了壽山佛學院，在那一個社會文化尚待開展，經濟物資不屬豐裕的年代，院長的苦心孤詣，為佛教種下優質的菩提青苗。今日回顧，只能說：因緣願力不可思議。

佛光山・東方佛教學院

在《佛教大事年紀》民國五十六年條欄中記載：「高雄壽山佛學院易名東方佛教學院，並於大樹鄉創建新校舍，準備擴大規模。」

五十七年一月七日，我們在壽山寺二樓大殿送別了第一屆的畢業學長二十人。那真是一堂前所罕見的感人場景。來賓滿席，師生離情依依。師長的慈言叮囑，學子的感恩抒懷，來賓家長……。法情道誼之深切，莫此為甚。尤其末了，監學老師親手彈琴，全體合唱〈惜別歌〉：「今朝一別，各奔西東……。」淚水為之潰堤，那一幕，是溫馨、是傷別、是感念。烙印心田，任誰也不易或忘。

第三屆的新生到來，我們升格為學長，同時經歷見證了佛光山的雛型。為了麻竹園的那片山，我們見聞了院長不畏艱難，披荊斬棘的過人氣魄。院長當時不理會多數的反對聲音，獨排眾議，擘畫、開闢、設計這件眾人心眼中不太看好的曠世偉業。

當初，院長為新的「東方佛教學院」尋覓新址，還是本著「教育為先」的初衷。但是林地錯縱，範圍很廣，於是命名「佛光山」。記得當時有人反對此名，在旁邊小聲的嘀咕：「名字不好！光了，沒有了。」若回應民國五十六年的《大事年紀》所載「舍利安放萬壽塔，使佛光普照人民」，那麼「佛光山」之名是最貼切最有意義的。

休假不上課的日子，院長帶領大家上山出坡。從壽山寺到大樹鄉麻竹園，一趟車程約九十分鐘。我們以郊遊的心情上路，到了目的地，分工勞作，挖土挑擔；摘地瓜葉下廚做菜。有吃的、有喝的，也跟班聆聽院長的弘遠規劃。如今，每聽到說：「第二屆學長曾參與開山工

事。」那真是言過其實，叫人汗顏莫名的。

民國五十七年的夏天，我們遵從院長的指示，舉辦一個空前絕後的環島布教，來替代畢業旅行。《菩提樹月刊》第一八八期如此報導：「東方佛教學院師生三十二人，組成環島布教團，準備精彩內容，要把法喜布滿人間。定於七月十五日自高雄出發，至八月八日凱歸。途經全島二十五個城鎮，舉辦二十一場演出。除佛法演講外，還有佛曲教唱、布袋戲、幻燈等精彩節目」。

環島布教回來不久，我們終於搬遷上山了。離開住了二年半、孕育我們慧業福業成長的壽山寺，每人心中百感交集，那居高臨下，憑欄遠眺，談志築夢的日子過去了。這支進佛光山的先鋒部隊，在院長、老師的領導下，正準備迎接另一次挑戰。

課業、出坡、彩排、畢業特刊等諸多事項，大家忙得不亦樂乎。《佛教大事年紀》民國五十八年條欄記載：「高雄佛光山東方佛教學院院舍落成。由星雲法師主持舉行慶祝法會，參加的師生百餘人，來賓萬餘人。」

這是事實，並無浮誇。某月某日落成當天，萬餘來賓把所有建築物空間，以及鋪好的行道都擠滿了，能坐的、站的，盡是人潮。我們準備的茶水、食物，早被取光。巧婦難為無米炊，廚房的大灶正待炒米粉應急，食材方下鍋，湧進的人群，伸手、用箸，團團圍住灶邊。典座恆慧見勢不妙，丟下鍋鏟，只能低彎身子，從人群下竄逃而去。那真是恐怖的一幕。

忙完院舍落成典禮，接著舉行第二屆畢業典禮。幾位老師也將赴日本深造，又是一次感傷滿懷的惜別，大家互道珍重後，真的從此各奔東西。

結語

韶光易逝，半世紀的歲華如過眼雲煙；三年受業的種種，委實難忘且細數不盡。從當年小而美的壽山佛學院，到如今恢弘壯闊的佛光三寶山，乃至兩岸三地、五大洲的佛化事業，端是大師悲願智慧的結晶。大師一貫以「教育」惜才、納才、培才，知人善任，終以「識英才，得天下」而光芒萬丈，四方景仰。

當年受業的青松幼苗，既非後來棟梁之物，亦未能仰效大師之德風，進而承其偉業於萬一，吾等常深愧無以報恩。然師恩德澤如是如實：對佛法信念的堅定，對三寶服務的真誠，對教團清譽的維護等，學子們終不敢或忘。謹以此文，向大師、佛光山師友們致上無限敬意與感恩。祝禱佛光世紀，永垂不朽。

心中常生萬法

四位馬來西亞求學的遊子，帶著滿懷歡喜以及期待的心情，踏上求學之路。當飛機輪子觸碰到桃園機場跑道時，我們感覺回到家了。當時台北正值寒流，我們這群來自馬來西亞亞熱帶國家的遊子們，未曾經歷寒冬，頭一回知道什麼叫做冷。回到台北普門寺，第一次在異國過馬路，我們一看到斑馬線及綠燈亮，就理直氣壯的跨大腳步過馬路，說時遲，那時快，心定和尚喊住了我們：「同學們，斑馬線及紅綠燈提供指引，但過馬路還是必須注意車輛。」這是我熟悉台灣交通的開始。

尊重包容 隨緣自在

隨後，我來到了台灣佛光山，開始了人生中另外一種學習。走進佛光山寶橋小鐵門的那一刻起，我與外面的世界隔絕，沒有報紙、沒有收音機、電視、不准外出的佛學院生活。關閉了與外界的因緣，但卻開啟了內心世界的另一扇門。

由於自小非常獨立，生活、學習上的大小事物都是自己打理，來到了佛學院，卻發現雖然大家都是來自四海之內的華人，但是生活上的文化細節卻是大相逕庭。學院對我們的照顧可說是無微不至，從寢具到生活起居，無不一一為我們打理好。當時的我受之有愧，心裡忐忑不安，我尚未為佛教貢獻一份力，就已經承受佛光山為我提供的免費課程、免費食宿，我是否受得起這一切？尤其在過堂吃飯時，我看到桌上擺放著那一碗飯、一碗湯、一盤菜，看起來如此豐盛，我更是

覺得猶如茶來伸手、飯來張口，內心既是感恩，又是慚愧！

院長星雲大師每天下午四點就會來電，請學生到東山的籃球場打球，學生也能藉此因緣與大師接心。當時，我就問了大師：「佛光山對我們這群學子無微不至的照顧，令我們內心慚愧，我們應當如何去接受它？」大師說：「以不迎不拒的精神去接受，飯要吃得下去，心才會發得起來。現在的你沒有能力，沒關係，但是未來你有能力了，你就可以回饋佛教。」自此之後，我心安受之。

由於我剛開始接觸的都是佛光山的大師兄們，如心平和尚、心定和尚、慈莊法師、慈惠法師、慈容法師，這些長老級的師兄們在言行舉止之間，總是會攝受我們的身心。可是，到了佛學院，班上有一半同學都是出家眾，而他們的不威儀總是讓我徒增煩惱：「同樣都是出家人，怎會差距這麼大？威儀不足、言詞不當，還做出許多不如法的事，真是愈看愈煩惱啊！」

故此，我又針對這個現象，請示了大師。大師慈悲的說：「他們都不行，你來好嗎？」大師這一句話如當頭棒喝，敲醒了我的傲慢心，當下頓生慚愧之心。大師繼續開示：「僧團中也有好的一面，你接受不了不好的那一面，你的人生是殘缺的。如果你能包容那不好的一半，人生才會圓滿。」

聽了大師的一番話，我當下發心立願，我要出家，做一個如法的出家人。

佛學院教育的精髓

在佛學院的生活裡，我們第一學習到認識常住、認識佛光山，認識星雲大師所推廣的人間佛教，學習與人相處之道。從中我們也學會認知自己，從佛法裡面去體會並改進自己。佛學院的教育更堅定了我的信仰，並留下一個對於三寶、對於人間佛教的信念。我更懂得如何

發心立願，為大眾、社會謀福利，這個信仰讓我認知了生命的價值與意義。

回憶當年在佛學院的課程有唯識、經典導讀、佛教歷史等，可以說已經忘了內容，但佛學院的佛教教育「餘留下來」的是，當我時刻需要佛教知識時，這些知識像明亮的日月一樣長久保任在我的記憶中，而且在任何時候，心中常生萬法。佛學院的教育讓我看到苦海的眾生，讓我擁有自信，讓我看到未來。

若沒有三寶，我就看不到眾生。若沒有佛教信仰，我就找不到自信。若沒有星雲大師，我就看不到未來。

感謝佛陀慈悲接引，把佛法留在世間。感謝星雲大師提倡人間佛教，讓我有因緣接觸佛教，無時無刻在生活中修持，更感謝大師接納不懂事的我們，教育我們、成就我們。此外，我也要感謝師兄弟們的包容、支持與愛護。

祈願未來的莘莘學子們，珍惜因緣、虛心求教、發心立願、發揚人間佛教。

找到無染心

「你的行李呢？」

「老師，這小背包就是我的行李。」

「其他同學都拿大行李，你就只有這些啊？」

「報告老師，我就只剩這些了。」

到學院以前，我將所有的財產送給家人及朋友。身無分文，拿著單程機票，我隻身來到了叢林學院。背包裡只剩下一件縵衣及兩本書（《世界上最快樂的人》、《禪定與智慧》），代表著我的信仰及我追尋的人生。單程機票則表示這是一趟不歸路的旅程，我很慶幸，在旅途中遇到這些難忘的經驗。

風雨夜平靜心

聽說佛學院的生活像當兵一樣，講求紀律、嚴格、早起、禁語、體力透支，但也有人說佛學院很自在、簡單、樸實。是好是不好？是畏懼是期待？如人飲水冷暖自知，對我而言，佛學院的生活很美！雖很平淡卻很充實！

記得那年颱風天，在文殊殿獨自誦經，殿外的暴風驟雨聲勢浩大，我的心卻是那麼的寧靜。過了一夜，拿著經書走回寮房，清楚聽見自己的腳步聲，沉思了一陣：「颱風過後又是一個沉寂無人的黑夜，不用忙功課，不必打招呼，感覺特別舒服平靜。」

在學院的生活比起我在社會的工作輕鬆得多，足以讓我放緩腳步，體驗更踏實的人生。以前的我都認為讓自己不斷的忙碌，才叫有責任感，生活才會踏實。可是卻忘了要發心做事，用心待人，再忙碌也只是刻意讓別人覺得自己有多能幹而已。

學院的生活簡單，我的思想也變得單純及明晰。了然妄想的念頭沒有一秒停止過，我的心似靜水，能夠清楚感知執著與分別的習氣在水面上波動。這些都是我以前不容易發現的習氣。

從小常被排擠，或許是自卑，為了得到老師及長輩的注目與讚美，我會一絲不苟做好每一件事。如果廢寢忘食僅為了一句讚美，其實換來的掌聲是「為別人而活」，從來都不是為自己而活，所以才會煩惱痛苦。學院規律的生活培養出無染的平靜心，讓我擁有更踏實、自在的人生。

在清涼地流汗

學院簡單的生活有助於開發敏銳的思維，掌控及駕馭脾氣的能力。文殊殿樓梯旁，三十年來掛著一幅佛光菜根譚：「人有一分學養，便有一分氣質；人多一分器量，便多一分人緣。」每次經過，都會發願自己可以多一分忍耐。

在佛學院難免會有看不順眼、聽不入耳、感覺不對的事情。例如炎炎夏日，起床後直到入夜，都處於汗流浹背溼黏黏的苦惱當中。教室、寮房不設空調，圖書館、文殊殿達高溫才會有冷氣，加上一日一次的沐浴，我經常妄想能有一點清風送爽，樹蔭遮涼，或者秋天快來，那該有多清涼啊！

然而，現實逼著我去適應這些不舒適的氣候，想到我們在印度新德里、加爾各答、菩提迦耶的法師忍受四十五度高溫，還能秉持人間佛教的理念不懼路難行的弘法工作，我小小的忍耐又何能比較？

炎熱天氣令人心浮氣躁，一不留神就容易暴跳如雷、坐立不安，長期處於這種情緒，如果沒有方法對治，很快就會想要離開。如洞山良价禪師說：「寒時到寒冷的地方去，熱時到炎熱的地方去！」可見在逆境中還是可以找到一片清涼地！

清涼地在於「清涼心」，清涼心就是清淨心，湛然不動之心。熱就隨它熱，冷也隨它冷。佛法的忍耐、放下，是要付諸於落實的。慢慢的，躁動的心會止息，思維如水，湛然澄澈，有清涼就有智慧，有智慧就無煩惱；如暗室中點亮了燈，就不再害怕了。我從把課本當扇子到心靜自然涼，從走路忙擦汗到汗流由它去，從入夜不得眠到一覺到天亮，若說稍有一些適應，那要歸功於「清涼心」了。

趕來趕去，到底趕什麼？

在一次的生活檢討會議，與學長意見分歧，鬧得不歡而散。我的承擔被說成是過於自信，好不容易才說服自己要面對這項挑戰，卻被一盆冷水迎面而潑。

面對溝通失敗的挫敗，我無從下手，平時老師所教的佛法一點也用不上。我認真的思考了兩天，得到一個字「趕」。

以前「趕」上班、「趕」開會、「趕」報告、「趕」吃飯……，現在也「趕」排班、「趕」上殿、「趕」課業、「趕」盥洗……，我的這一生也是匆忙投胎「趕」來的？

「趕」使我迷惑顛倒，掩蔽本性，散亂道心。在學院，我總覺得時間不夠用，幾乎每次排班上課或交作業都險而過關。開會檢討也是「趕」著發表意見，不曾靜下心來聆聽別人的意見。

其實我並非要更多的時間，活得自在與快樂，才是我真正需要的。急急忙忙苦追求，煩煩惱惱度春秋，到底是為了什麼？難道生命就會因此而放慢速度來迎合我的腳步？唉！我把一切看得太複雜，簡單不就很好？

很多的挫折、瓶頸把我強逼至牆角，這些壓力或許讓我透不過氣來，可是我很感謝生活上的種種煩惱，因為「智慧」從煩惱而生，智慧就是生活的實踐。如同師父所說：「多一分苦難，便多一分堅忍；

多一分折磨，便多一分毅力。」

我相信平靜心、清涼心、智慧心都是在我這趟旅程的導遊，它們將引領我到信仰的昇華、快樂的生活以及智慧的人生。

生命的價值，也許不是立竿見影，
但時間與因緣會為您證明，
不論外境如何起風浪，
佛性光明仍然等待有朝一日與您相遇。

我離地面幾公分？

還沒進佛學院前，每日的生活充滿著高跟鞋與地面接觸的聲音，喀——喀——喀——，這樣的聲音對我而言是高度，也是尊嚴，更是地位的代表！細跟的、粗跟的或是隱藏高度的跑步鞋一定要離地面十公分的距離，這是我對生活最基本的要求及配備。話說當年還曾經踩著八公分的高跟鞋在機場奔跑的我，決定要讀佛光山叢林學院時，跌破大家的眼鏡！除了要捨去心愛的高跟鞋、耳環外，最重要的還有百貨公司週年慶！

進到佛學院後，赫然發現第一件要放下的東西叫鞋子！還記得那天我穿著隱藏版高度十公分的跑步鞋到佛學院，報到後換上黑色的羅漢鞋，才驚覺到我已經真真實實踏在人間的土地上，真正的高度也就在這一刻正式揭曉！

「寧動千江水，勿擾道人心」，在學院行、住、坐、臥都要保持無聲的境界。修行除了修自己的身心外，更不能干擾到他人的世界！於是踩著高跟鞋喀——喀——喀——的聲音徹徹底底從我生活中消失！但少了這十公分後發現自己更接近地面、更貼近自己的心。以前踩到土還沒感覺，現在踩到土或是水，立馬襪子先溼掉，老師說走的每一步路就是修行，自己的心是飛走了還是活在當下呢？少了喀——喀——喀——換來了心靜的生活，一步步切切實實的踩下去。少了高度、尊嚴及地位後，得到的是久違的鳥叫聲。無聲的走路、心安的生活讓自己更可以專注在每一個當下，看似捨去了很多，但得到的更多！

除了捨棄自己最愛的高跟鞋外，第二樣捨去的叫百貨公司週年慶！記得每年最期待的就是各大百貨公司的週年慶，但在佛學院怎麼可能會有週年慶這東西，唯一有的是每週一短短三十分鐘因果福利社的小

確幸時間！這半小時是我每週最期待的時刻，雖然身上只有幾百塊錢，但能買一枝筆、一本小小的筆記本也能獲得無上的滿足！奇怪，那以前週年慶到底在買什麼？在開心什麼？在佛學院除了佛學，讓我最大體悟是沒有太多的東西，煩惱自然就會變少！因為不會一直想著要怎麼用、何時吃！但這一刻的我卻覺得很感謝，在佛學院的日子讓我們最懷念、最喜愛的就是什麼都沒有的幸福！少了手機以及外在的誘惑，讓自己和法交流！每天無須擔心要穿哪一套衣服、搭配哪一款的耳環及鞋子，唯有擔心自己跟法相應的時間不夠！坐在圖書館讀著高僧傳記，和同學一同研究佛學報告是最珍貴的回憶！少了喀——喀——喀——的高跟鞋，多了與法相應的日子！如果人生還有再次選擇的機會，我想我會希望可再更早脫離高跟鞋的日子，增長在佛學院與法相應的時間！

在佛學半年規律的生活，讓自己更加確認了出家的心，但這時候考驗默默的出現了。一天我很開心的跟學長說：「學長我想出家，請問要怎麼申請啊？」學長酷酷的回答：「妳確定妳要出家嗎？可是妳的身高……」學長的一席話讓我驚覺——完了，少了隱藏版的十公分增高球鞋，真實身高的我有辦法申請成功嗎？但總覺得天無絕人之路，先申請再說吧！等著等著，終於等到師父上人星雲大師和我們接心的因緣！當天師父上人問：「某某同學，聽說妳想出家？」我很肯定的回答：「是的，我很想出家，但大師我身高不高。」師父上人問：「妳多高？」我回：「一百五十公分。」當下師父沒再說任何一句話，空氣瞬間凝結，安靜得連針掉下去都聽得到！心想完蛋了，就在我默哀我的身高時，師父上人說了一句經典名言：「身高不重要，但出家要有志氣，要有恆長的心，妳有嗎？」頓時間，我看到了充滿希望的未來！佛陀從未捨離任何一個眾生，在佛法的世界裡人人平等、自由！師父上人一句話，安定了我從小到大最不能釋懷的身高問題！起分別的不是別人，原來是自己的那顆心！是內心煩惱作崇罷了！從學院畢

業後，被常住安排到佛陀紀念館服務大眾，每當我看到各國的遊客來館參觀，聽到熟悉的喀——喀——喀——高跟鞋聲時，總會想起在學院的日子，以及師父上人的那句話：「要有志氣，要有恆長的心！」

晨鐘暮鼓的聲響

我深信，生命都需要安頓的力量，只是每個人選擇不同的路！正值年少輕狂的青春時，陪著遠親來寺朝山，生平不曾接觸佛教，因此當時的我不懂謙卑與順從，只是隨性且好奇的跟著朝山隊伍。從天色昏暗的山下走向清晨的殿宇，我的眼前是一座供奉佛菩薩的殿堂，耳中「晨鐘暮鼓」的聲響，重重撞擊，並敲醒我內心沉睡的無明。早課聲起，唱著完全聽不懂的梵唄聲，那一刻卻讓自己莫名感動，擦不完的淚水不聽使喚，像瀑流般的恣肆流淌。雖不知頂禮拜佛是什麼，但像回應無始劫本能的召喚，我自動在殿外，獨自靜靜緩慢的叩首禮拜，內心的狂濤久久不能釋懷，像失散已久如子遇母般，深刻的悲泣叩拜。

從那次以後，「晨鐘暮鼓的聲響」與「深刻的殿堂」就烙印在我內心深處，回到俗世後依舊懷念不已。那次的過年我便參加佛光山的短期出家，原因無他，就只是想找回讓我眷戀的記憶。參加七天的「短期出家」不知課程到底在講什麼，卻記得「捨戒」時洶湧的淚水與不能釋懷的情緒。是執著？是不願？還是眷戀這寧靜殿堂？內心五味雜陳著說不清的理由，也找不出任何答案，但坐上遊覽車，引禮法師這一揮手，淚眼迷濛中更篤定：我一定會再回來，回到這令我割捨不下的叢林。

與三寶結緣後，我鼓起勇氣告訴母親想要到高雄佛光山幫忙，由於相繼而來的負面聲浪如排山倒海，於是透過就近道場安排，帶著身上僅有的二千塊與簡單行囊，住進了佛光山就讀東方佛教學院。第一年被安排在福山寺，睡不飽的青春歲月與五堂功課的忙碌步伐就是我每天的日常。有次午休睡過頭沒有進教室，被老師處罰去出坡拔草，結果我雜草沒有拔，反而把所有種好的草都拔光了，於是老師便請我

去大寮幫忙，未曾進過廚房的我，經驗不足下切到自己的手，當場血流不止，老師心急如焚，急忙中抓了一種藥草往我手上一壓，頓時把血給凝止住了。從那次後我深覺自己的笨拙與業障，後來好一陣子除了上課，就未被安排其他出坡了。

一次閒談中學長跟我分享親身例子，他說如果心中有什麼願望，可以透過禮拜八十八佛大懺悔文，便得以實現，心中想這麼好的事情定要一試，當時也不知哪來的勇氣，就利用午修時間去福山寺念佛堂後面放著許多經本的倉庫，地方雖然很小，但不會被發現。每天利用午修時間去那裡拜佛長達三個月。說也奇怪，拜佛期間身心靈清澈到沒有任何雜念，彷彿所有時間與空間交融成體，透視著許多未知因緣。但也在此時，考驗接續而來，原以為自己沒有了煩惱，但內心多生累劫乃至恆河沙般的無明煩惱，心魔（我癡、我見、我慢、我愛）強烈生起，對內心汙垢與染濁倍加厭離，於是生起強烈尋求解脫的渴望，更生起勇猛精進的決心。

那年老師用九人座載著我們，前往參與觀禮星雲大師在高雄第一場講座中為首批「妙」字輩舉行的剃度典禮，整個過程令我身心如癡如醉！雖然不清楚出家要做什麼，但我想用青春歲月做賭注，換得擁抱佛法的清涼自在。決定出家時，父母及兄姐每天三通電話催我回家，在抉擇的十字路口，再大的阻礙與挽留都無法阻擋我的決心，山下的「萬家燈火」也吸引不了我這「自心點燃的燈火」！

看著父母親年事漸高一一的往生離去，心中陰霾久久滯留在心，夾雜著後悔、無能、不捨的苦痛，思考著老病死生的課題、思考自己有多少力量可以救度眾生，面對學習、工作、人事、親情時，也看到自己的脆弱與不足。在大冶洪爐千錘百鍊的叢林中，便進了禪堂，在時間與空間的貫穿中，彷佛又見遠古記憶中的出家身影，原本是一名衲子，為何又會淪落不已？面對種種困境，選擇堅強與忍耐，用時間消弭無明業力、用願力轉化私我陋習。煩惱生起就去仰望佛陀，佛陀

總是用安詳的慈眼，撫慰我狂惑不安的身心！

佛陀啊！您的法身遍滿虛空，您未曾離我遠去，請您時時加被我：如果我是帶有使命再來到這人世，但願我能開啟眾生通往幸福安樂之門，帶給人們正面能量，因為自己苦痛過，所以希望「眾生離苦」；因為自己掙扎過，更希望「有情得樂」；也許我無法步步生蓮，但願用僅有的心燈照耀悲傷的人，生生世世，都願意這樣行走下去，直到通達解脫的彼岸！

如果人生沒有陷到谷底，就感受不到重生的氣息，生命覺醒的可貴，姐姐告訴我，父母親曾在生前對家人說：「家中最小的這位（我）是最孝順的，也選擇最有價值的依歸。」生命的價值，也許不是立竿見影，但時間與因緣會為您證明，不論外境如何起風浪，佛性光明仍然等待有朝一日與您相遇。

我選擇青春歲月走進佛法殿堂，砥礪自己要如金礦般，終能淬鍊成金。投注歲月、薰習經典、培福修慧、磨練忍耐，用以降伏內在的心魔，覺知一切外境只是自我內心的投射。靠著叢林學院四年的養成，在行住坐臥中養深積厚、勇於面對！因為所有的外境都沒有錯，因為一切都是我內心的投射。

當我學會不看外而看內時，看到更寬廣的無邊世界，「無常」讓我們隨時提起又放下，「因緣」讓我們剝落自己的愛憎，身邊得失起落提醒我們平常心是道，今天的我是否有比昨日更進步？有更解脫自在？有更提升生命價值？在動盪與不安的環境中，我們找到安心立命的寶地，找到清淨幸福的蓮池，找到解決自身煩惱的鑰匙。感謝三寶！沒有放棄凡夫俗子的我，賜與我連結無盡智海的佛法大門，唯有上報四重恩，才算名為覺有情！

「晨鐘暮鼓」安頓我狂惑不安的身心，也引領我走進這「浩翰之門」，不管路有多遠，我將不會割捨曾經長養我「法身慧命」的這段因緣，在生命長河的輪迴中，都會記得尋它千百回也不厭倦的——叢林學院。

繁華落盡見真純

雖然離開佛學院已經二十多年了，但三年的佛學院教育、佛學院生活，充滿修行道氣的氛圍，點點滴滴終身懷念與難忘。

在那個尚不知佛教為何的青澀年華，經同事的介紹去參加了一場皈依典禮，就這樣懵懵懂懂的成了佛教徒。那時同事給了我很多佛書，閱讀了這些佛教書籍之後，讓我對佛教教義才有了初淺的認識。

有一天無意中看到一本《普門》雜誌內一篇佛光山叢林學院的招生文宣——「為求真理登淨域，為學佛法入寶山」，觸動了我想進一步深入佛法堂奧的念頭。

「媽，我收到佛光山的入學通知單了，我要去佛光山讀書呢！」

「妳要去佛光山讀書可以，但不可以剃頭出家喔！」

「不會啦！我只是去讀書、學佛法，讀完三年就回來。」

這是當年我對母親的允諾，就這樣帶著一只皮箱離開了紛擾的五濁紅塵，直上清淨的佛國淨土。

叢林學院三年扎實的教育，注重在建全人格的薰陶與教育，由慈悲出發，感動也收攝了我放浪不拘的性格。

一群來自世界各地，為法而來的青年學子們，齊聚在這座寶山裡承受法乳。在這個佛法的大家庭裡，我們是被保護的、被教育的，在此也茁壯了我們的菩提心。

剛到佛學院時，經常很想家、想母親，每天在藥石過後，就會獨自到大悲殿去禮拜觀世音菩薩，祈求菩薩賜給我力量、智慧，讓我能完成這三年的課業，並回向我的家人平安，並為自己年少時不懂事、叛逆，對父母的不孝，深深的懺悔。

「晨鐘暮鼓望成佛，豈可負了少年頭。」佛學院的生活充實又多

彩多姿。剛進入佛學院，一切都是那麼的新鮮，早上四點半起床，早課、過堂、上課。三年的佛學課程，從通識教育到經論研讀；從基礎的佛法概論、八宗綱要、成佛之道、唯識、因明學、俱舍論……到法器梵唄教唱、威儀訓練，乃至動中的磨練——出坡作務；放香日到常住去服務大眾，廣結善緣……。老師的慈悲傳授法益，學長的耐心帶領、長老師兄的行儀、師父上人的偉大胸襟……歷歷在目，深深印入生命血液裡，化為日後弘傳人間佛教，不可動搖的堅實力道。同時也將一顆迷茫不安年少的心，雕琢得更為晶瑩透亮。

一年級時同班同學有五十多位，每到披剃出家時，就有幾位同學發心出家。就這樣到了三年級，同學有一半以上都出家了。從長髮到短髮到圓頂方袍，同學一位位的發大心出家，現大丈夫相，心裡既感動又佩服的。而我呢？我要出家還是回家？

徑山禪師云：「出家乃大丈夫之事，非將相所能為也。」出家是要具足多大的善根與福德啊？我有此福報嗎？我能做好一個出家人嗎？內心反覆思維，遲遲不敢下這麼大的決定。直到有一天覺機學長鼓勵我，要我到大悲殿向觀世音菩薩祈求發願，希望我出家後能做好一個出家人。發完願後隔天遞出了出家請願書，獲得師長的恩准，讓我今生得以在師父上人座下披剃出家。

身為家中長女的我，以下還有四個弟妹，加上家裡經濟不寬裕，沒有幫忙家計，又未經家人同意，我就這樣出家了，一顆心還是有點忐忑不安。沒想到剃度後幾天，父親與弟弟突然來山上看我了，我很不安的去朝山會館會客，見到父親看到我出家了，雖沒生氣，但談沒幾分鐘的話，父親與弟弟就回去了。從此五年父親不見我一面，母親天天哭泣不捨。雖然父母沒有一句責備的話，但自己心中卻始終牽掛難安。

有次師父上人為佛學院同學開示時，我請示了師父：「我出家父親至今不是很諒解，怎麼辦？」師父回答我說：「沒有關係，時間會

改變的他們的看法，不用擔心。」

果真幾年後一次與母親通電話，媽跟我說了一句話：「你啊是出家卡好。」當下我真是高興，家人終於認同我選擇出家這條路，也應了師父所說的話，時間會改變一切。

常自忖，如果我沒有到佛光山就讀佛學院，沒有師父上人慈悲的應允，在其座下披剃出家，這一生的命運會是如何？忙忙碌碌、庸庸碌碌的度日！忙、茫、盲，不知生命的意義如何？不知前途在那裡？就像在茫茫大海航行失去了指南針般的無助與恐懼。

無悔於自己的選擇，更慶幸今生有幸在佛光山這個弘傳人間佛教的正派道場出家，真是我一生最大的福報。

父母的包容、常住大眾的培育、信徒的護持、師父上人的披剃之恩……今生永遠感懷，也都將化為自我的勉勵，在道上不放逸懈怠，共同在師父的領導下，一起為發揚人間佛教而努力。

學好三年，學壞三天

佛學院，是一個很美麗的地方，那裡沒有多餘的設備，只有基本的生活設施，讓在裡面生活的人過得簡單而充實。一天的作息都是聽鐘板聲：起床、早晚課、過堂、上課、出坡作務、盥洗乃至於開大靜，就是晚上十點鐘到了，一定要休息，沒有任何理由到處走動，擾亂大眾。

我未到佛學院以前在社會工作，每天早上一定要用兩個鬧鐘才叫得醒，沒想到佛學院，竟不准使用鬧鐘！因為起床板聲就是大眾的鬧鐘。於是，除了培養好的聽覺以外，必須調好自己的生理時鐘。

但是，當輪值香燈組的時候，就必須比大眾早起，香燈是佛菩薩的侍者，要去殿堂準備讓大眾進來早課，並且負責打板，掀開佛門一天的作息。

那麼當香燈得靠什麼聲音起床？有學長說，如果是用心的佛菩薩侍者，就請託龍天護法叫我們起來！啊？這樣也行得通？還好，當我輪到當香燈時，就是慈悲的組長要負責將我們搖醒。組長要身手敏捷，在黑暗中認清組員的床位，以免發生叫錯人，被當作教材事件。在寮區走路時還要照顧腳下，腳步聲一定要輕，不可以打擾到大眾。

修道區有兩句話最讓我印象深刻——「寧動千江水，莫擾道人心」、「愛護常住物，如護眼中珠」。初到學院，中午養息的時間還不習慣午休，於是拿起書來看，結果才翻了兩頁，寮長坐起來，瞪著我說要看書到圖書館去，你知道你翻書的聲音很吵嗎？

我想在學院人人聽覺都太敏銳了，小小翻書聲音都造成干擾呢！嚇得我只好乖乖的躺下來不動。往後的午休一定要先想好去向：一是在規定的時間進到圖書館自修，否則就老老實實的回寮房午休。

佛學院是辦道的地方，以有限的資源，讓大家去發揮自己，開創無限的潛能。譬如洗手台前沒有鏡子，不用浪費時間攬鏡自照；電腦室的電腦只有幾台，全院學生輪流使用，須懂得規劃時間，並學習禮讓精神。

記得我們交作業要打字，這年頭打字困難嗎？大家都覺得是理所當然的，打字並不困難！可是，我在工作時的打字都是ＡＢＣ，從來沒打過方塊字，也沒學過中文輸入法，結果只好重新摸索學習打字，還好有中文拼音的概念。可以想像那打字速度絕對是拖很慢，但又不能說自己要寫作業報告，其他事情先擱下不進行。於是我想到慈悲的老師，跟老師商量好應該沒什麼問題，讓我在限定交作業的時間延後幾天，老師也答應了。結果，當作業發回來之後，老師打了分數，總數之後扣三分，原因是遲交！這就是「有理三扁擔，無理扁擔三」。凡是資源有限，我們才會珍惜、才能激發我們去創造。

第二學期開始，老師派給我當知賓的公務。我學會了泡茶，還要知道招待每位來上課的老師喝什麼茶，或者不喝茶，需要果汁、水果或者咖啡等等。念佛學院之前，我是喝美祿長大的，我心中最美味的飲料就是美祿，茶是苦的。在我能掌握泡茶的濃淡之前，一定要試喝，所以就要先說服自己喝茶是有益的，喝茶非常有文化修養，茶很香。

知賓除了要會招待，還要整理客房給外聘老師，於是就常要套棉被。馬來西亞的天氣根本就用不到棉被，到了學院要弄好自己的棉被已經考驗不小了，現在又加上每週要跟棉被打交道，所以如果不好好把套棉被和摺棉被的功夫學好，我就會被打敗了。回想起來，很感謝老師的安排以及耐心指導，讓我開闊了視野，還有懂得注意細節，例如點心如何擺放，如何周全的準備必需品等。

當年師父星雲大師雖然非常忙，但是很關心同學的學習。有一段時間，師父還親自培訓，要我們加強待客之道，還要學煮菜。有一天，學妹告訴我一則公案，讓我很感動。他說：昨天晚上師父用完藥石，

問他說：「今天怎麼沒有菜？」他百思不得其解，剛才餐桌上有青菜，有煮得很美味的食物，哪裡沒有菜？這時，只見覺具法師不慌不忙的回答：「他今天請假，跟同學出去。」學妹才恍然大悟，「此蔡非彼菜」，師父是對他打禪鋒，問的是為什麼不見我去學習。師父的問話，就是對弟子的關懷，讓我不敢再無故缺席。

佛學院的生活教育，只要接受下來，就沒有生活白癡。但是要緊記「學好三年，學壞三天」，所有的養成，師長和同參道友的提醒都是我們修道路上的資糧，須時時提起正念，在此與大家共勉之。

重生

記得從小學三年級開始就在找尋「人從哪裡來」的答案。尋尋覓覓，二十歲終於在佛教「緣起」的人生宇宙中找到讓我豁然開朗、心開意解、歡喜無比的答案。

為了更了解佛教，就走進村子裡的佛教道場——南華寺（東禪寺的前身）參加共修。每週日的誦經、唱佛教聖歌的共修、帶兒童班及參加佛光青年活動中，讓我與道場的小菩薩、青年、金剛師姐及老菩薩們打成一片，那是一段每天都過著「開心得不得了」的時光。

隨著後來六年的留學、三年的社會工作生活，讓我從一開始的有空就到道場，一到道場就不想回家，漸漸的走到了下班就只想放空，沒有精神走入道場，完全以工作為中心的生活。忙碌的職場生活中，過去那一段每天都過著「開心得不得了」的時光不時浮現，讓我不禁思索人生的意義到底是什麼？

因緣際會參加了馬來西亞佛光山第一期短期出家修道會。「鐘聲傳三千界內，佛法揚萬億國中，功勳祈世界和平，利益報檀那厚德……」，記得在偌大的講堂裡，師父上人——星雲大師讓徒弟在台前唱著〈鐘聲偈〉，場內沒有一絲雜音，只有梵音繚繞。四、五百名的戒子伴隨著莊嚴肅穆的梵唄聲，個個豎直背脊張立雙耳，全神貫注一邊聽著攝人心弦的梵音，一邊眼睛眨也不眨一下，看著師父上人拄著拐杖，一身飄逸的黃海青，徐徐的、一步一步從一區又一區的短期出家戒子眼前身旁走過。沒有人有任何動作，只有師父一人緩緩的踩著穩健的步伐在戒場前行。當師父徐徐的走過我面前，心頭不禁一熱，心想師父老矣，若不加緊腳步跟隨師父真正出家，學習正法，無常迅速，什麼時候還有因緣遇上這位「開佛教五百年之新運者」，佛教史

上「千年來一人」的大善知識？於是在同年年底毅然辭去工作，決定到佛學院就讀。

結束工作兩週後，就插班就讀東禪佛教學院。來到佛學院最大的感受就是——活過來了。從五點半起床、早課、早齋、打掃、上課……到藥石後散步跑香、晚自習、晚課、打坐、十點開大靜養息，讓我彷佛回到兒童時期在父母保護下的規律生活、安心自在、六根全開，如魚得水的優游在學院及寺院學習及作務。對大部分的學生來說，到學院比較難適應的是天氣炎熱的問題，但對於在職場全冷氣的環境中生活了三年，要刻意去運動才能流汗的我來說，再也沒有比在可以自然流汗的環境中生活，更有活著的真實感受了。

印象深刻的是，到佛學院第二週輪組工作就輪到典座及期末考。考試讓人焦慮，對一位新生來說大部分的科目都是沒上過的，更是焦慮；加上兩個人一組輪值，又要煮全寺二十幾人的食物，正擔心怎麼辦時，老師鼓勵說佛學院的學生每一個人都怕考試週遇到典座，而通常這種幸運的機會都是給菩薩性格的人中獎。老師還說，何況考試只是測驗平時學習的成果，既然你是插班新生，還千萬別考得太好，造成其他同學的壓力。

當時心裡既慚愧又歡喜的想：菩薩，感謝您給弟子機會，弟子當依教奉行、全力以赴，做個初發心菩薩。考試考得如何沒有印象，但很肯定的是，那一週全寺上下二十幾位法師、同學等人，都秉持著「捨身食菜」自我犧牲的精神，成就了我們這些「菩薩」。

來到佛學院，老師特別強調凡事要「發心」。師父上人開示：「發心吃飯，飯菜會特別甜美；發心睡覺，覺會睡得很安穩；做事更要發心，發心便不畏艱難辛苦。所以心一發，無事不成。」當自己第一次行堂，才明白了什麼是發心吃飯。當時因為常住辦活動而多準備了菜，結果剩餘的菜餚已熱了三餐，還是用不完，擔心沒用完，下一餐同學又得吃剩菜，所以一方面在行堂時就多走幾趟問菜，希望可以解決掉

這些剩菜，但是當看到同學不嫌棄，發心添加舊菜時，又擔心同學們吃撐了難受怎麼辦，內心矛盾。請教老師後，老師提醒身為行堂的職責就是問菜，用餐的人各自量力發心，過量與否由各人來斟酌，不要想太多，製造矛盾，徒增自己的煩惱。

日常生活中，我們也常遇到像這種尺度如何拿捏的狀況，因為沒有正確的觀念而不知如何下手才好，甚至在猶豫時錯過了原本應該做的事而事後懊惱不已。所以在佛學院的日子裡，因應常住的弘法活動，常常有機會參與各種學習，從參與中，不僅學到如何待人處事，最難得的是有師長不斷在身旁耐煩給予正確的觀念提醒，讓我們學習如何把在課堂中學習的佛法，實際運用在日常生活的待人處事上，解行並重的修學佛法。

在佛光山這個菩薩道場中，常有機會被開牌參與不同的弘法工作。在每一次不同的開牌中，學中做、做中學，與不同組合的人做不同的事，當中有自己投緣不投緣的人、自己擅長與不擅長的事。從投緣的人與擅長的工作中增加信心；也從不投緣的人與不擅長的事中，學習廣結善緣、長養謙卑的心。另外再參與各種大型弘法活動中，看到個人的渺小，集體創作和眾緣和諧而圓滿整個活動的重要，及提升個人的覺照能力，觀察在每個時空中自己應扮演的角色，努力做好本分事，培養解決問題的能力進而開發自己無限的潛在能力。

在佛學院最殊勝的體會就是人生有了佛法，生活就是修行（學習）與工作，工作就是修行與生活，修行也是生活與工作。過去不懂佛法，生活、修行（學習）與工作是三，不是一，而且比重失衡更是許多人掙扎面對的問題。所以因為自己在佛學院有了這殊勝的體會，讓我覺得一個月的學習與成長，比過去當十年信徒學到的、成長的還要多。

佛學院是個培養佛教僧伽與正信修道人的地方，有了佛法，就懂得在生活上如何隨遇而安，修行上如何隨心增上，社會上如何隨緣不變，處事上如何隨喜結緣而不隨波逐流。生命無始劫的輪轉，何去何

從？來去的意義又是什麼？若是沒有答案，人生可能為身處的環境、文化價值所影響、左右及決定，不知所以然的汲汲營營經營人生。與其如此還不如投資二至三年到佛學院解行並重的修學佛法，相信這不只是「在職進修」，更是找到生命的答案，提升生命品質、安身立命，自在解脫、自助利他的「在人生進修」的人生修學之道。

歡迎您到佛學院來，讓您的生命中也有一段「我在佛學院的日子」。

佛學院是我尋找真理的楔子，
它像利斧劈去紅塵暗影，
讓我重新審視生命的渴望並洞見佛法的奧妙，
引導我勇敢面對那無數難為人知的困難；
感謝師父賜予的就職法語——
「有佛法就有辦法」，
如春風拂袖般的為我引領，走出自己的佛法人生。

諸上善人聚會

日子過得真快，倏忽一下，已從佛學院畢業八年多了。

回憶起當年念佛學院的生活點滴，充滿歡喜與感恩。歡喜的是能和各式各樣不同的同學，因為相同的理念——「學佛」而來到佛光山叢林學院。同學中真是「臥虎藏龍」，可以學習的很多，比如有的擅長書法，有的組織能力很強，有的念書天生就不用準備……。感恩的是星雲大師為我們創建佛學院，讓年輕人可以藉著佛學院學習佛法。認識同參道友、善知識，不斷的引導對生活的新視野，重新思考過去錯誤的想法，也對人生的價值有了目標。知道自己的目標後，就重新規劃自己未來須努力的方向，以及學習的科目。

在佛學院的生活，有趣的事也滿多的。當年在水陸法會期間，同學們都會移至大禮堂或圖書館打地鋪，讓出床鋪給難得一年來拜水陸法會的信徒。有一年在大講堂打地鋪，冬天很冷，當我半夜去上淨房，喝個熱水再回到原來的床位，卻發現棉被不見了，原來隔壁的同學覺得冷，拉我的棉被去蓋，而他自己的毛被子卻像豆乾似的整齊擺在一旁，我只好拉他的豆乾棉被來蓋。

隔天他醒了，滿臉愧疚。我笑笑答：「沒關係。」第二天半夜，又覺得很冷，當我上完淨房和喝完水回去時，卻找不到睡的位子，原來隔壁的那位同學移到我的床位，我只好去睡他的位子，隔天一早他醒了，表情超可愛的，很明顯看出尷尬又不知如何表達，只好對我哈哈大笑，我也跟著大笑起來。

另外有一次，我們到佛館預定地出坡，有同學挖到一個黑色的圓形物體，很疑惑，不知是什麼東西。另外一位同學想到這裡之前是兵工廠，猜想會不會是「炸彈」。霎時，所有的同學反應真快，全閃得

遠遠的。同一時間，更遠處的同學也挖到黃色及藍天的圓形物體，才有人提出新的看法，看起來像是撞球的球。

啊！原來是虛驚一場，大家覺得好笑，又繼續未完成的工作。總之出坡的活力、出普坡用完點心的輕鬆，感覺在大眾中學習、工作，樂趣無窮。

念佛學院期間，生活很有規律，一天的開始在起床板響起之後，盥洗、摺棉被、排班做早課，同學們虔誠的早課聲在大悲殿旋繞，聽起來很舒服。如《普門品》所說：「梵音海潮音勝彼世間音。」這早課的梵唄是勝過世間所有的歌聲，它是來自一群純淨的佛子，對修持自然的發出內心的朗唱，對未來的期許，也是自己對佛陀的承諾。這一張張乾淨的白紙，等著佛法的書寫，正如同學們清淨的心，等著學習佛陀的智慧與慈悲。

很榮幸的，我曾在這裡薰習過，享受著早課，晨鐘暮鼓的音聲，也是沉靜人心；每天睡前打坐聽鐘聲，同學們如一尊尊的佛，端坐床上打坐用功。極樂世界中，諸佛及諸上善人聚會一處，參禪念佛的同學，正如在極樂世界中，諸上善人聚會一處，以佛法為討論話題，互相研究。

師長們為了讓同學們可以活用佛法，設計話劇表演比賽、梵唄比賽、設計比手畫腳的猜「佛學名相」。每班為了班上的榮譽無不卯足了勁，全力以赴。當排練時，狀況外的同學常惹出許多笑料，個人方面也有個人的經論演講，讓同學訓練台風。

記得有一次，快輪到我演講的時候，因為太緊張而肚子痛，只好跟老師報告先去淨房一下。老師慈悲，大概知道我很緊張而笑著點頭，我也快去快回。上台時，看見師長坐在後面聽我講，臉上掛著笑容，頻頻點頭，讓我緊張的心放掉了一大半。這種學習模式和一般學校真的很不一樣，不為名、不為利，完全是為佛法、為真理而自發的學習。這樣的學習環境也只有在佛光山才有的。

記得三年級時，我自不量力的選擇了國際學部，考取的成績勉強通過。但老師表示要努力的地方很多，所以我只能硬著頭皮不斷練習。但是以我的程度要學長耐心來聽實在過意不去，只好跑去念給關在籠中的狗兒聽，牠們也很高興有人去找牠們，而我也不會因沒對象聽我練習而無聊。但在同學眼裡看來，有些搞笑，不過因為常常練習，英文真的有進步。

有一段時期，我們班上還要在每個星期五到學部的茶水區表演簡單的英文故事，包括禪門公案。記得有一次表演，同學忘了帶表示「河」的藍布道具，輪到我要過河，沒河怎麼過？一急之下直喊：「Where is the river? Where is the river?」觀賞的同學笑翻了。那忘了道具的同學才趕快布置「河」！事後大家還以為劇情就是這麼搞笑呢！

在學院的日子雖然已經過去了，但現在回憶起來，還是滿溫馨歡喜的。沒有學院的學習，生活不會這麼豐富，人生的意義也無法確定。

在學院，明白人的生命是無限的，對未來更不恐懼。

記得剛出家時，請如行學長幫我看頭部後面頭髮有無剃乾淨。如行學長對我說：「如動！我們前世是師兄弟！因為這對話曾在我夢中出現過！」是的，我很歡喜有過去世，這也代表有未來世。今生有種種好因好緣，來世也會有好因緣。生命的無限，代表著希望，對老死不再害怕畏懼；曾經死過、生過，只因忘了，只有讓清靈的心活著、醒著。叢林學院是訓練我們找回原有清靈的心，唯有找回這清靈的心，人生便充滿喜樂與希望，遠離恐懼顛倒，人生沒有白來，知道慈悲喜捨是修行了。

此心安處是吾鄉

想到一句詩：「此心安處是吾鄉。」

我從出生地故鄉紹興柯橋，到盛產棉花和楊梅的寧波慈溪，轉而在上海求學工作，繼之移民加拿大，直到六年前就讀於佛光山叢林學院。這中間兩度漂洋過海，終於找到這「安心立命」之處。

我是二〇一一年秋季入學的，為此我準備了六年。當母親期待我學習一學期後即回國團聚（因為我移民至加拿大已經近九年），卻在三個月後聽說了我出家受戒的消息。

雖然心裡能夠體會到家人的悲傷、責備和不解，但我又是十分堅定的。邁入二〇一七年，回顧過去在佛學院的日子，自許在佛學院的養成，在人與我、境與事上要不忘初心，以期能回報師長和家人的期望及成就。

適應環境

邁入學院第一個月，溼熱的氣候令身體不適，全身起疹；嚴謹的作息雖然可以勉強跟上，但行堂、出坡中人我間的互動卻讓我畏怯，不知如何面對。我差點為這樣的生活行事而迷失自己、遺落信心。

有一天颱風，傍晚時滂沱大雨，順著菩提路排班走向齋堂。眼光隨著順勢流下的雨水，讓我幾近暈眩，不經意抬頭，看到不遠處「選佛場」溫暖而穩定的燈光，當下想到：自己且不可為眼前適應環境這股迷流，而忘失對於求學的目標！

我明白自己是為「親近善士，聽聞正法」而來的，所謂「過去種種如昨日死，未來種種如今日生」。從那以後，不論出坡作務、生活

學習，這份正念的力量讓我開始主動去接受所有境界。

出家受戒

二〇一一年十月十五日是觀世音菩薩出家紀念日，也是我們新剃度學生的出家典禮。幾夜少眠，我想到向家人告知的必要，於是申請打電話給我遠在加拿大的遠親。他驚喜之餘，祝福並提醒我要相信觀音菩薩會慈悲攝引。

十一月初進入戒場，當二壇比丘尼戒圓滿的第二天，陪堂和尚尼喚我出列，說我大陸的哥哥來台灣，明天要來山上探望。第二天早晨，我跟隨當時佛學院院長（永固法師）在不二門內側等候。我著一襲黑長衫顯得又黑又瘦，哥哥見到我便偷偷抹淚。院長一路陪伴講解，爬上斜坡、六十坡台階，已經有點喘了，之後為哥哥講述常住開山的歷史和出家的意義，並且還帶他去巡山、參訪大雄寶殿等，留影的照片是我三年後畢業才看到的。

十一月底是水陸法會，加拿大的遠親為了見我而來山參加。當我在大雄寶殿上隨眾排地毯時，意外遇到他出來回向壇，那幾秒鐘的見面令我徹夜難眠。

十二月二十三日我們環島行腳回山，佛館即將舉行落成典禮。聽說母親要來了！她隨大覺寺的參訪團來山，決心要帶我回去。我在佛館三好塔後面見到坐在輪椅上的母親（她因為膝蓋退化而只能減少走動），禁不住擁住她落淚。後來經過院長的撫慰、師兄長的勸導，她還是一個人隨團回去了。

戒期圓滿之時，我獲得師長和親友的諒解，這為我安心修道鋪就了基石。

學習和養成

有一位畢業的學長臨行前留言給我，要我「不要怕犯錯」。

記得有一次早課司打鈴鼓出錯，糾察老師說：「鈴鼓司打不如法，出班到佛前懺悔。」第一次在佛殿、在那麼多同學面前，我這樣做了。

事後我想：平時謹言慎行固然必要，但經驗從犯錯中來，錯了道歉，是自我清靜的唯一法門；老師讓我當眾懺悔，是為了幫助我，能當下息卻大眾的掛礙和疑慮；再者，也可以讓更多同學「不要怕犯錯」而勇於面對。

師長的金剛怒目，是菩薩的慈悲，保護著我們，一方面規範我們的身語意業而給予清靜，另一方面以教育引導，讓我們累積佛法而建立正見和正念。

生活的藝術

學佛不是比較外在的成就，而是依循發心學佛和受戒的資歷。在叢林學院，高年級的學長承襲師長的教導較久，偶爾可以代表師長指正學弟妹的行儀。不論是生活學習、語默動靜，學長們如同天兵天將一般，音聲無處不在，身影也隨時會出現。

自己常常得到學長的指正，也曾旁觀二十多歲的學長嚴苛的指導相對年長的學弟妹，心中抱不平，甚而找老師報告，希望學長們多一些包容。但是師長說：不要聽學長的語調，而要聽內容；不要看表情，而要想背後的用意。這些話令我豁然開解。

謙卑、認錯、忍耐和奮起是師父上人所教導的實踐之法。不僅在叢林學院，更是任何環境下生活的藝術。當內心具有這些力量，目所及、耳所聞、心所想，一切必然是感恩美好的世界。

二〇一四年畢業後我留院實習，至今三年。從課務安排、引導學

生、接待師長中學習把握分寸和觀照因緣，以期提升自我的慈悲和智慧。在我低迷的時候，永本法師提點我要為了「成就他人」而放下自我的執著；在我疲累的時候，回憶起師長的背影和親人的期待。出家的道路有多少人的成就，我要不忘初心、發願回向！

將往事落筆成文字，是當作自勉和自省。我依舊懷念故鄉柯橋的烏篷船、慈溪的楊梅和鄉鄰的社戲，上海街頭「梔子花、白蘭花」的叫賣聲，還有大洋彼岸冬日的大雪和春季的櫻花。我想：回到佛學院的沉澱和學習，則是心靈的故鄉。期許自己未來以佛陀的法音、師父的教導，讓故鄉的人們生活更有情意、人生更有智慧！

扎根不退轉的信念

很多人問我，為什麼會出家？

過去，我總是盡力說出個理由，交代得淋漓盡致。

時隔逾二十寒暑，回首過往，點點滴滴，如今要我再回答相同的問題，只有「因緣」二字罷了。

十八歲那年，姐姐帶我到台東一家素食餐廳用齋，牆上張貼一幅佛光山叢林學院的招生海報，一位出家人的背影和六祖惠能大師的偈語深深觸動心靈：

「何期自性本自清淨，何期自性本不生滅，何期自性本自具足，何期自性本無動搖，何期自性能生萬法。」

吃著吃著，我突然和姐姐說：「我想讀佛學院！」姐姐雖學佛，但並未當真，因為還有大好前景等著我去追逐。

我卻是很認真的詢問寺裡師父，可以到哪裡讀佛學院？當時一本《慈雲》雜誌握在手上，上頭數數有十幾個佛學院正在招生。

當看見「佛光山叢林學院」時眼睛為之一亮，毫不猶豫的說就是這一家了，其實在那之前從未去過佛光山。

幾經溝通後，父親與兄長才勉強同意，最後留了一句但書：「不習慣，隨時可以回來……爸爸在家等妳。」此去，竟徹底改變了我的人生。

上山前兩天，在夢中看見山中斜坡，清晨有僧人掃除落葉，此景與我首次踏進山門時所見一樣，心中有著塵埃落定的篤實感。

愜意之情，彷佛只停留在夢中，真正進入佛學院後，每天過得很緊湊，清晨四點三十分起床，漱洗、早課、早齋、打掃、上課、午休、出坡、晚自習……，有足足一年嚴重便祕，生理失調。

直到一年級暑假前夕，佛光山禪淨法堂的禪堂正式啟用，我有福分成為首批打禪七的幸運兒，因為禪修竟打通了身體的多項阻塞，那次經驗也讓我認真思考出家這件事！

打七後，也打定了出家念頭，利用暑假返家，和等著我回家的父親提出想法。

當時，父親只是輕聲帶過：「妳年紀還小，大一點再說！」

佛學院六十坡的竹林下，伴著瑟瑟風聲，來回思考，決定為自己再做一次主。

出家後一個月，父親意外來電，心想：「他怎知我已剃度？」懷著忐忑不安接起話筒：「女兒呀，妳趕快回來一趟吧！」

「什麼事那麼急？」從口氣中得知應該還不知我出家。

「妳二哥要結婚了，妳回來當伴娘好嗎？」

我心裡可急了：「爸爸，您能來佛光山看我嗎？」

週末，父親穿著一派輕鬆，拿著一瓶礦泉水上山，竟意外受到貴賓級接待，請到檀信樓由學長和老師們分批接見，話題莫不就是「出家功德殊勝行，一子出家九族升天」之類的吉祥語。

老爸隱約嗅出女兒無法當伴娘的真相，而我在另一間房裡同時接受輔導：「出了家報喜不報憂，看見父親時情緒要平穩，可不能哭喔！」

一邊是輔導，另一邊是感化，可這一切努力都不及父女真正見了面，痛哭一場來得實際。生平見到父親第一次在我面前落淚，內心因隱瞞而懷著強大的愧疚，也不由自主的潰堤。

學長、老師在一旁顯得毫無功用，畢竟這已是父女倆的糾結情緒了。

父親擦乾了淚，僅淡淡說了一句話：「這條路是你自己選擇的，就要好好走，我先回去了。」

夕陽餘暉，父親身影愈拉愈長，望著山門「問一聲汝今何處去，

望三思何日君再來」、「回頭是岸」……山裡山外，世出世間，兩個世界。

「是的，這一切都是我自己選擇的。」我知道必須更努力，證實自己可以。

於是，在寒暑假我認領了香燈工作，起得比別人早，學習殿堂禮儀。為能順利求受三壇大戒，我認領了一學期的典座，又發心當一學期的飯頭，每天三餐供幾百人用齋。

那段時間，經常夢見來不及煮早飯，衝下床去洗米；或者上課當中窗外飄來焦味，放下課本去挽救那已燒焦的米飯。

有一回點火煮飯時，因多次點不著，不曉得瓦斯已瀰漫四周，最後火點成了，火煙噴出，眉毛、睫毛都給燒光了。史籍裡有長眉道人，我自嘲是無眉道人。

三年級，由學長推薦擔任學院總務一年，每天和棉被、毛巾、掃把、拖把、臉盆、肥皂等雜物為伍，例行於每週大掃除時，將他們請出來，結束後再一一歸位整齊。

新生報到、短期出家等活動時，就有洗不完與摺不完的被單和衣單……。有一回，看著同學們為了要出國梵唄演唱，在台上練唱，我卻在底下洗著他們演唱後的衣服，心裡好羨慕，那種心情至今難忘。

我在佛學院的日子，幾乎都在作務中度過，磨練了青春期的血氣方剛，培植了出家人的福德因緣，扎下了學道人的菩提道種，如果要說對佛法有那麼一點不退轉的信念，都是佛學院給予我的資糧。

感恩之念，我時時如是想，如是不忘初心。

六十坡

一步一華嚴

圓門經過成佛之道，往上行走有四十階梯，名為四十坡，意為「四十華嚴」。往下走去有六十坡，表示「六十華嚴」。

佛光山有五座山頭，佛學院為其一。山坡過陡，星雲大師即以坡台作緩坡，是水土保持維護邊坡，也提供大眾上山得以有平台休息。

「東方佛教學院」之命名，為大師期許自東方出發並融合西學，適應時代所需，讓世界佛教人士踴躍前來參學。

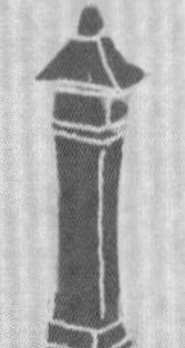

寶橋承諾

走入叢林

一九八九年，從《普門》雜誌得知，台灣佛光山有一所叢林學院，「以教育培養人才」，這深深的吸引了當時和朋友合作開辦幼稚園的我，於是決定到佛光山去進修「教育課程」。

到了佛光山才知道叢林學院並非一般普通的教育學院，可以說是培育全人的教育學院，課程包括佛學課程、生活教育、思想觀念、才藝培訓等等。在誤打誤撞之下踏進叢林學院，卻也意料之外的愛上了這裡深入經藏、幽靜的學習環境，老師們的威儀道風，人間佛教的各類活動，自己很快的在不知不覺中融入了佛教叢林的大家庭。在這裡，我和老師、同學們日夜相處，如家人般親密無間，對於學院的一草一木，也惜如家珍。

每逢半夜下大雨，同學們和我都會從溫暖的被窩裡爬起來，從寮房急急趕上頂樓，視察排水管雨水的出處，深怕排水管被落葉阻塞，水淹學院。記得有一晚深夜，雷雨交加，我和同學被雷雨聲驚醒，自然擔心起溝渠排水孔堵塞的問題，急遽掀起棉被，輕躡起床，穿上雨衣到天台視察出水孔，正當把落葉從洞裡清除完畢，黑暗中卻出現另一個身影。抬頭一看，是當時的教務主任永富法師，他看著我，輕聲對我說：「快去把溼衣服換掉。」又加上一句「你可以去『領便當』了」，「領便當」即是領取剃度出家申請表格的意思。當時的我傻傻的望著老師，還不知如何做出回應，靦腆的笑笑，急忙抽下雨衣就回了寮房。當時，尚未萌起出家的念頭。只是每逢剃度典禮，有意出家的同學都會問我：「要不要一起去『領便當』？」我總是笑著婉拒：「我

沒有資格出家的啦！」

不過，在佛學院的日子久了，內心自然潛移默化，也漸漸開始思考自己未來的人生目標，想找到自己的真如本性，嚮往出家的念頭在心裡逐漸萌芽。出家這一條路，除了自己那一關，還要過母親那一「難關」。由於父親早逝，家境清寒，母親含辛茹苦把我們兄弟姐妹養育成人，因此大家都十分孝順，只要母親不答應的事，我們都不願違逆，總覺得這是最基本的孝道。

「出家」如果不能得到母親的諒解和祝福，我的心是會不安的。

因此，當我萌起出家的念頭之後，就開始在家書或電話中向母親暗示要出家的意願。在華人傳統觀念中，讓孩子出家就等於白白「失去」一個孩子。因此當母親意識到我有出家的意願之後，雖然沒有明顯表達反對的意見，但是在台灣的我卻開始頻繁接到母親生病，要我回馬來西亞探望她的訊息。可是，每次當我行色匆匆的趕回到家時，母親卻很快就沒事了。心底明白，那是母親要阻止我出家的苦肉計。

當時一心想為眾生服務，卻遇到「親情」的障礙。正巧有一次在雙圓堂上宗門思想的課時，星雲大師請我們自由發問，於是我站起來請示了師父。聽完了我的苦衷，師父上人微笑的對我說：「如果妳回去不能說服媽媽讓妳出家，那麼妳就安排媽媽來台灣佛光山參觀遊玩。」

聽從師父上人的慈示，在學院假期期間，我真的把母親接來台灣，並且在淑雯同學幫助之下安排環島旅遊。帶著母親從南到北參訪好多個佛光道場，如當時還在建築的極樂寺、澎湖海天佛剎、宜蘭蘭陽別院。母親有機緣和道場法師，如依恆法師、依樹法師、依融法師等等見面深談，從中了解了出家的意義及在佛光山出家人的使命與任務。

這趟旅程中，母親不只感受到佛光法師的慈悲，也對佛光山的人間佛教有進一步的認識。

寶橋承諾

參訪行程結束之後，母親和我回到總本山。一天，我陪母親在寶橋附近散步，走累了就坐在寶橋邊的一棵菩提樹下休息聊天。遠遠的看見師父上人、惠師父、容師父從佛學院那方走過來，母親自動站了起來合掌。

師父上人走過寶橋之後，母親和我繼續坐下。她忽然對我說：「看樣子妳是想要出家了。如果要出家我不反對，但是妳一定要答應我兩個條件！」

我頓時心潮澎湃，心想：「母親，就算十個條件我都會答應，但是那會是什麼條件啊？」因為平時母親對我是很嚴格的，就不知她會提出什麼條件？

正在忐忑不安時，母親很嚴肅的指著寶橋說道：「第一、妳的心要像寶橋下的流水般清淨；第二、妳要答應我，孝順妳的師父要像孝順我一樣！」母親的語氣嚴肅中帶著一份淡然。當下，卻在我的心中激起萬丈波濤，母親提出的條件，原來是如鑽石般堅決卻純淨的叮嚀！獲得母親的首肯祝福，我出家的心願更無掛礙了。

剃度出家

第二天，我趕緊去向老師要了一份剃度申請表格，因為剃度典禮隔日即將舉行。對於我的出家，母親雖然萬般不捨，但仍然為我獻上深深的祝福。

圓滿了女兒出家的心願，隔天母親就飛返馬來西亞。

接下來的日子我更加的精進學習。佛學院的日子是自我調整、探索生命、沉潛訓練的珍貴時光。每天，和同學們集聚一起研讀佛法，聆聽師父上人、院長、師長們的開示。師長們用心良苦的教誨，如同

手術刀將每個人的內心解剖，把過去沉積已久、腐爛的陋習，一一割除和洗滌。佛法如良藥，醫心治病；佛法如甘露水，不斷灌溉及滋養我的初心。自己對佛法有了新的認識，發現無明這煩惱源自古以來就一直困擾著我們；去除無明，光明即現。正所謂：「千年暗室，一燈即明。」自己的小愛，不只可以化為大愛，更能轉化為無我、無住的慈愛。

漸漸的，發現出家這條路，前景充滿法喜、解脫、自在。非常慶幸今生找到弘法的康莊大道，肯定自己明智的選擇投身在佛光山，是清清楚楚、明明白白選擇自己的前途。

出家迄今已二十八個年頭，根於佛學，深入經藏，更進一步了解認識師父上人所創辦的佛光山僧團，以及人間佛教的深度與廣度。

感謝根本養成的搖籃地——佛光山叢林學院；感謝師父、師長、常住的養育之恩，成就此生出家因緣，永銘於心。

頭頂銅板過堂

一九九一年國中畢業，在這一個等待聯考、等待一個新的學習環境的日子，父親邀我一起參加佛光山第七期短期出家，這一次的因緣也改變了我的學習觀念，動了讀佛學院的念頭；在高中聯考的當天我成為聯考逃兵，當然接下來的結果就是沒有學校可讀，但是家人還是不放棄要我讀高中的想法，透過一些管道讓我順利可以跟大哥、二哥就讀同一所高中；雖然入學手續也都辦了，但是最後還是拗不過我的堅持，讓我進了佛學院。

父親送我到沙彌學園報到的那天，跟我講了一段影響我一生重要決定的話，他說：「如果你堅持要讀佛學院，最好有出家修行的打算，如果你要走這一條路就一定要修得比我好，若是你走向出家專修的路反而修得比我一個在家人還差，我會隨時帶你回來，不可浪費佛門十方大眾的供養，這個因果你承擔不起。」

十五歲這一年進入沙彌學園就讀兩個月之後，我就剃度出家，在剛進沙彌學園尚未出家的那兩個月裡，因為什麼都還在學習中，所以凡事都覺得緊張，當時佛學院老師對學生講話，時常分成在家與出家來教導，這讓我們對出家生活與修行心存好奇，也因為父親的支持，我最終選擇了出家這一條路。

在佛光山的學習歷經了沙彌學園、佛光山台北男眾學院、佛光山修持中心禪學堂（又稱禪學院），每一段學習的日子都印象深刻。尤其剛進到佛光山從在家到出家的這一年，在沙彌學園的學習，每一件人事物對我來說都是新鮮的。從基礎的五堂功課、威儀訓練讓人感覺很嚴肅，有時還心存恐懼。例如訓練走路的威儀每個老師各有絕招，從學務主任最常用的頭頂書本繞沙彌學園走一整堂課，到訓導主任和

糾察師要求我們從用餐前排班、出班進齋堂，整個用餐的過程都要頭頂銅板，從開學起的一個星期餐餐如此，只要掉下來一次就要增加一天，當時有二、三位同學居然緊張到胃抽筋；有幾位同學用餐威儀特別差，糾察師更出了狠招，除了頭頂一個銅板，左、右肩膀上又各放一個，看到這些情況讓人更增緊張的情緒，但是又覺得有趣。

本以為老師們的訓練招式最多也只是如此，結果新生訓練的成果在園長的考核下，園長並不滿意，園長親自出馬訓練我們的威儀；要開始上課了，園長叫大家去拿鋼杯裝九分滿的水，大家心想拿著一杯水走路應該沒什麼，怎知接下來的指示讓大家都愣住了，園長嚴厲的喝令大家照做，「所有人把裝滿水的鋼杯放在頭頂上，繞著學院走十圈」，接下來可好玩了，走不到三步就有同學的鋼杯掉下來，杯裡的水很自然的就灑在身上；見到同學一身溼，有些同學忍不住就笑了出來，在笑的當下身體抖動得太厲害，自己的鋼杯也掉了下來；鋼杯掉落地的鋼鐵撞擊聲，心驚被水淋溼的尖叫聲，其他同學的偷偷竊笑之聲，真的讓人印象深刻，我們三個年級五十幾位同學只有五、六位同學過關。

行、立、坐、臥、跪拜合掌等各種行儀，老師們的要求都極為嚴格，站立時兩膝蓋之間要夾著一張紙，合掌時雙掌間也要夾著一張紙，連睡覺的姿勢半夜老師都還要巡視糾正。這種生活要求一時之間還真的有點不適應，以前會覺得老師找麻煩，後來離開學習的環境自己擔任相關職位時，才真正感受到，當這種找麻煩的老師是必須要付出很多時間心力的，若不是出於訓練我們成才的慈悲心，老師們何須如此辛苦？

進到沙彌學園或許我的資質太差了，覺得自己的學習能力與其他同學落差太大了，所以那時心想，可以在勞力的工作上多付出一點。在出家之後，老師要我學習大寮的工作，讓我接了「庫頭」的工作，又兼任學院客房及總務庫房的管理，頓時讓我的佛學院生活變得多元

化。每天開菜單、買菜、監督典座組三餐飯菜的準備，真的是一大考驗，剛開始什麼都不懂，幾乎三餐都會被老師或常住男眾職事或法師指正，感覺是天天被罵、餐餐被消災，這是一個學習成長的好因緣、好機會。

半年後學院請來一位武術老師何富雄教導我們，這讓我們的作息時間有了一些改變，早上四點半早課打皈依之後，我們就去跑山、習武，然後才用早齋；當時為了要學習武術，所以大寮的工作一定要提早打點好，不然就沒有時間學習武術了。武術的學習，讓我們當時的沙彌時常有上台表演武術的因緣，增加了許多曝光的機會，當時沙彌學園的教導該嚴格的非常嚴格，但是也有輕鬆好玩的一面，其中印象深刻的有「大佛城踢鐵罐」，「分組剪刀石頭布」全山跑透透，還有「後山過關遊戲」，從如來殿後方圍牆爬出去，從後山山區往頭山門旁的山間小道進來；這些遊戲無非是老師們為了消耗同學們過盛的氣力，從中學習團隊的精神。

說到團隊精神，我們感受最深的是師父上人很喜歡的籃球運動，尤其每次師父上人華誕當天，我們佛學院同學跟許多的職事法師都會來幾場籃球比賽。這一年，師父上人跌斷了腿復元中，但是他仍跟心平和尚以及諸位長老師兄在場觀賽。在沙彌學園的這一年裡，因為打籃球而打破了四副眼鏡，也因為配眼鏡、修眼鏡的費用太高，有一段時間不太敢再去打籃球了。

在這一個佛門的啟蒙的地方，雖然才修學一年就上了專修部，但是對於我出家生涯的確有著關鍵性的影響，也奠定了我在佛光山一生的因緣。

生活規律病痛自癒

民國六十一年（一九七二）十一月，我參加了佛光山第五期信徒講習會，五天的佛學課程，深深的吸引了我。

回家後，我念念不忘佛光山，從小吃素的我想知道更多的佛理，因此向爸爸說明我要去佛學院的意願，但是他沒答應。不過我還是常常找機會說服他，每次都講到爸爸發脾氣，我才趕快溜開。

隔年三月，爸爸終於點頭讓我去就讀佛學院。很高興，我終於來到佛光山，感謝星雲大師、慈莊法師、慈容法師、慈嘉法師、依如法師等的愛護。

我在家時，雖然是爸爸診所協助打針、配藥的好助手，但也是病貓一個，天天離不開藥。就讀佛學院之後，由於生活有規律，我的頭暈、嘔吐毛病，竟不藥而癒。

佛門裡講求挑材運水都是禪，行堂、典座、出坡打掃，都是佛學院學習的課程。佛門的出坡就是社會上所謂的勞動服務，當時的佛光山還是在初創期，三餐煮飯不是用瓦斯而是燒材，因此好天氣的時候，我們同學就由老師帶著上山撿枯枝落葉。

荔枝成熟時，老師帶我們去採荔枝。最高興的就是能爬上樹幹親手採荔枝，不過由於荔枝枝幹很脆弱，承受不了體型壯碩同學的重量。記得有一次，一個六十公斤的同學爬上去，採得正得意，突然聽到樹幹「劈！劈！」的聲音。

我們緊張得在樹下大喊：「快下來，樹要斷了！」說時遲，那時快，「碰」一聲，在樹上同學還沒會意過來就掉了下來。還好樹不高，只飽受一場虛驚。

這位同學，剛入學時，他恰巧睡上鋪，我睡下鋪，因為他比較胖，

只要一翻身，我就像風雨中的小船搖搖晃晃，連續三個晚上我都無法安睡。第四天我跟老師說：「請給我鎮靜劑，我實在無法入睡。」老師知道原因之後，馬上幫我調換床位，我終於能安心入睡了。

在佛學院的時候，發現自己最大的改變就是，以往遇到不如意，馬上會想「回家」，可是在佛光山不管遇到任何困難，「回家」這兩個字從不會浮現在腦海，也許自己真的跟佛光山有緣分。

當年上佛學院並不是為了生脫死或普度眾生的抱負。因此，就讀兩個月後，有一位同學約我說：「喂！以後我們一起出家好嗎？」

我直截了當的回話說：「打死我也不出家。」

因為當時只是想來研究佛學而已，根本不懂什麼叫學佛？更不懂什麼叫發心？我只當成一門學問在學習。

但是人的因緣是很難預料的，我六月才跟同學回說「打死也不出家」，可是，十一月我就迫不及待的出家，受戒去了。

也許我跟藥師佛真的有緣，我第一次皈依佛門是藥師法會，出家剃度典禮也是藥師法會。

出家後，由於我有護理經驗，因此，我被派到學院醫務室為全山大眾服務。如果遇到感冒流行期，經常須半夜起床幫忙配藥、打針，白天又要上課，雖然疲倦，不過這是我的工作，我忙得很歡喜。想到佛陀捨身飼虎、割肉餵鷹，這一點點算什麼？

不過，有一點要跟大家分享的是：佛菩薩真的會護佑我們。例如每到期中考、期末考，也許是心理壓力，不少同學會在這時候生病，有一次我因此在學院醫務室忙到天亮。第二天，是「中國通史」期末考，雖然一夜沒睡覺，我竟考了九十八分，這是龍天護佑。也許我經常在上課時很認真聽老師講課的重點，下課後又有複習的習慣。

其實，學院生活是多彩多姿的，星雲大師是一位很慈悲又很懂人性的高僧，民國六十二年五月十六日，是佛光山的開山紀念日，也是接引大眾的朝山會館落成的日子。在落成前一個星期，大師讓全院同

學到朝山會館住一夜。大師當時特別說：「你們可以撥電話給總機，請服務人員給你們茶水。」那時的我們還真不客氣的打電話給總機人員要求服務。

我是過來人，佛光山是一個值得我們親近的道場，歡迎有緣人一起來學佛。

翻轉生命

近來社會上流行一個新的名詞——「翻轉生命」！我在佛學院的日子裡，也因師父及前輩們的良言而翻轉了自己的未來、改變了自己的生命！

猶記得三十多年前，在佛光山想要出家的人，都要選個時機到東山籃球場「以球會師」，並且「伺機」而說。當我好不容易鼓起勇氣向師父提出出家的請求時，師父只答了一句：「出家，要有笑容啊！」哦，原來我的笑容太少，要改進！從此，在山上佛學院漸漸薰習，心地也慢慢的柔軟，笑容才真的由「故意」而轉變為「自然」。

未出家前，見佛光山人才濟濟，想我一介平民百姓，哪來多才多藝，在這個佛光大家庭裡，我能貢獻些什麼？一次，在學院的圓門集合，當時的院長慈惠法師對全院師生開示時提到：「做一出家人最重要要能『本分』！」啊，本分，這是我的「專長」，那我應該具足條件，可以出家！

剃度出家七、八天後，心情沉浸在法喜與焦慮之中——奇怪，我已經現出家相了，怎麼覺得不像個出家人？寫週記時如是反映，老師於批閱時當頭一棒：「出家，不出個七、八年，不會像個出家人！」哦，那我還早嘛，要繼續在眾中沉潛、耐煩。

現在雖然在德國柏林佛光山服務，但回想從小自己的性格就很「德國」，所以，進佛學院的第一年在東方佛教學院學習時，心裡常常會出現：「為什麼？」對很多事情都抱持著疑問的態度。直到有一天，當時的學部主任依空法師為我開示：「一年的樹木只能當柴燒，十年的樹木可以做門窗，百年的樹木可以做棟梁。」此時我才豁然大悟，我要學習做「棟梁」呀！要有大將之風，不能老是在枝枝節節上浪費

生命。

出家不久，一次在行堂後，當時訓導處的監學永光法師於飯食間對我提點一句話：「永超啊，你不要老是一個蘿蔔一個坑！」當下還真是如墮五里雲霧，「蘿蔔與坑」倒底有什麼關聯呀？不懂！又有一天，老師又開示：「永超啊，凡事要『醞釀』啊！」還是不懂，不過，就在日復一日的佛學院學習生活當中，細細品味「蘿蔔」哲學及「醞釀」的功夫。原來，我太死板了，有些事「佛陀沒有規定」，法無定法，只要把握住中道原則，沒有所謂「一定」及「唯一」的，「心迷法華轉，心悟轉法華」。

佛學院畢業後有幸「留院察看」，在佛學院授課及擔任訓導處的糾察、教務處、圖書館、園藝等職務，除了三年的佛學院生活之外，這一待就是十一年。對自己的本分事原以為應是愈做愈好，多有好評才是。不意，教學多年後，已畢業的學生們陸續「吐真言」：「你以前好苛喔！我說胃痛不能吃饅頭，你竟然回說『饅頭很好吃呀！』，有一次我們偷吃泡麵被你抓到，竟然沒有人情味的處罰我們，所以，我就在你的抽屜裡放沙子。」原來，我未能參究師父上人「定法要嚴、執法要寬」的個中奧妙，不知轉彎！

猶記得讀東方佛教學院的第一個寒假回到家中，看到原本覺得寬敞的「家」怎麼「突然」間變小了？這時，「三界如火宅」的法華譬喻瞬時閃過腦際！此生如果不是到佛光山就讀佛學院、如果不是在師父上人座下出家，我今天應該還是世俗上庸庸碌碌的一般人，還是個在柴米油鹽中打拚的苦命女。但是，在佛學院的生活中，每每由師父上人、長老師兄們集合全山大眾的開示中，漸漸打開我的眼界、累積智慧，也開拓了我對世界、對生命的更深度認識。所以，一句話「翻轉」人生，更何況我在佛光山、在佛學院受教多年、養深積厚呢！感謝師父上人、感謝長老師兄等諸上善人的良言，讓我翻轉了自己的未來、改變了自己的生命！

處處現代禪宗公案

「哪怕是半秒鐘，遲到就是遲到，不能講理由。」這是我進佛學院的第一個震撼教育。

二十餘年前，第一次踏進福山學部，一處猶如總本山（佛光山）縮小版的學習環境，無論教室、齋堂、大雄寶殿，每一處的建設都比總本山縮小一號，連學生人數都從數百人變成數十人，比總本山要少好多，唯一不變的，是傳統鐘板訊息與佛學院規律的生活。

兩層樓的院區，一樓東單教室是東院，西單是專修部，前方正中央有一座阿彌陀佛的立像，兩側則是很長的樓梯，走上去，就是福山寺的大雄寶殿，也是我們與職事師兄早晚課誦、長養慧命的地方。而大殿的右側，就是我們學生最喜愛的觀音池，即便池中早已無水，但觀世音菩薩慈悲的聖容，總是吸引我們佇足合掌，與菩薩接心祈願。加上環山圍繞，鳥語花香、枝葉扶疏，如此福山福地，總讓人感受到叢林蘭若的寂靜處，令心止於一境而觀心修持。

一切就在適應、學習的當下，老師分配的第一個輪組工作是行堂。手忙腳亂了一整天後，藥石行堂完，才就著顫抖的手去洗衣服，本以為來得及趕上晚自修，匆忙從晒衣場快跑行進，哪知前腳還來不及跨進教室，上課鐘聲就已敲完最後一響；後腳剛挪動，就聽到老師充滿權威的音聲：「站住！你遲到了，不可以進教室！」見我抬頭，準備開口解釋，立即厲聲喝斥：「哪怕是半秒鐘，遲到就是遲到，不能講理由。」此語震得我腦門嗡嗡作響，久久無法回應。而這句話，多年以後才深刻體會禪宗棒喝教育的不可思議，同時也開啟我深入師父上人所言「有理三扁擔，無理扁擔三」凡事認錯的契入因緣。

在這裡的學習是有趣的，東院的學生平均年齡較小，由於這是他

們第二年在院學習，因此很喜歡跟剛進來的專修部學長競賽，無論是行堂、洗碗、出坡、法器梵唄，總是喜歡一較高下，看哪一組的速度快或準。贏了，就要接受他們揶揄至少一天；輸了，也就悻悻然的聳肩離開，等待下一回合再戰。因此，在東院的「訓練」下，專修部的學長根本不敢懈怠，總是加緊腳步學習，深怕又要引來訕笑。即便如此，我們兩班的情感是很好的，專修部學長會主動協助東院的學弟課業上的學習，東院的同學則主動協助專修部學長練法器，尤其我們最大的福利，就是託東院的福氣，他們活動量大，常常肚子餓，老師便準備綠豆湯等點心供大家食用，相處其樂也融融。

經過一整年的薰習，啟蒙了佛法、叢林生活的益發歡喜，第二年回到總本山佛學院，繼續另一段不同的大叢林學習。剛出家的我們，常常在院區裡，聽見老師或三、四年級學長，總在身後提醒：走路要頸靠衣領、跑香要把手擺起來……習慣於各級學部的「小」，一下子回到佛學院的大，整體上還是會有「劉姥姥逛大觀園」之感。記得有一回，和幾位同學邊走路邊交談，說到歡喜盡興處，不覺高談闊論了起來，可以想見音量有多大。一位學長從觀照堂走了出來，與我們照面而過，就在擦肩之際，只聞空中響起一聲雷動：「站住！看見學長為什麼不合掌？」我們幾人趕緊閉嘴，停下腳步，馬上轉身面向學長合掌。此時，學長面不改色的說：「剛出家，要學規矩；心中要有人，才能涵容所有的法。」第二次的震撼教育，深深撼動著我的心：第一次感受到學長的「權威」，也感受到學長對我們的「照顧」，原來看似無情，裡頭卻擁有滿滿的道情法愛與提攜之情，讓我一輩子受用無窮。

後來，在寶藏堂當了兩年的公務生，跟著老師整理資料、備份檔案，也到全山各單位送件；逢週六、日，則期待被開牌，當年由於學生人數多，被開牌才有機會學習，才能隨眾到各地行腳托缽廣結百萬人興學之緣，或巡山導覽訓練膽量與表達，或支援法會學習法務。

充實的學院學習生活，身旁總有許多師長、學長時而現怒目金剛相，時而現菩薩的慈眉善目相，不忘時時耳提面命：「影印資料就像做人一樣，要正要直，不能因自己的輕慢心而隨便行事，看的人眼睛不舒服，也浪費自己的福德因緣。」、「做事要腳踏實地，一步一腳印，在務實中，長養對佛法的信心。」諸如此類的聖言量，當下都是當頭棒喝，無論當機眾與否，禪宗的現代公案無時無刻不在生活中出現，每個棒喝，皆打得我學會勇敢面對自己的貪瞋癡三毒，在在提醒我觀照自己的念頭，成為滋養我法身慧命的增上緣，得以從中學得慈悲、柔軟、同事攝，也成就了我對師父思想的契入，以及對人間佛教的信解行證，乃至其後在工作服務中，對師父指導、佛法的體證。

我最期待的則是每天下午四時半，
在東山籃球場跟大師一起打籃球。大師一生酷愛籃球，
那也是他在忙碌的一天當中和弟子們最親近的地方，
全山大眾不分僧信老少，只要歡喜都可以上場打球。
大師說：「打球就是修行，
籃球是一項訓練自我成長、完成自我人格的運動，
能長養感恩、勇敢、迅速、認錯、服從、寬容、合作等美德。」

人生最美麗的回憶

今天在屋簷下的燕子還沒唱歌，就聽到了打板聲，我起床往盥洗間走，迎面走來的同學說：「回寮，現在才半夜二點多。」原來打板同學將時間看走了眼，讓大家空跑一趟。佛學院的生活以鐘板、晨鐘暮鼓為號令，早晨四點半打起床板，一天的作息開始，晚上十點零二分打安板，一天的作息結束，大家養息。

我於一九八六年就讀東方佛教學院，二年之後，繼續就讀三年叢林學院。佛光山佛學院教育，注重佛學、生活教育、五堂功課、四威儀等，在生活上有十多組工作輪值，包括香燈、典座、行堂、打掃等等，讓大家行解並重，福慧雙修。

剛就讀東方佛學院時，環境裡的一切，朝暮課誦，過堂用餐，出坡作務，念佛參禪，鳥語花香，松鼠在樹林裡跳躍，都讓我感到親切美好。週一放香日，被同學點名要將我的「學生頭」剪成短短「佛光頭」，我也從善如流，感謝同學，讓我更有朝氣。

有一天，在盥洗間，聽到有人在浴室裡叫外面的同學幫忙至晒衣場將他的制服上衣收來給他，原來在匆忙間他忘了帶換洗的衣服便進去盥洗。這也給了我一個警惕，剛就讀佛學院，生活很緊湊，做事要細心。

一天半夜，我從住所的大悲殿二樓，想至佛學院上淨房。剛走到大悲殿丹墀，突然跑來三隻頑皮狗，將我團團圍住，動彈不得，原來我在夜裡進入牠們「值勤」的地方，牠們不停嗅聞我的羅漢鞋，彷佛在確認是否我迷失了方向。當時我很緊張，忽覺清風徐徐吹來，天上的月光、星光照耀著我們，就在此地「默立禪」，大家各自用功。突然間我想到「通關密語」：「來福、來友、來樂」，牠們聽到了我的

叫聲，很有默契的自動一隻一隻解散，我因此得到了自由。僅此一次的「默立禪」，真叫我刻骨銘心，永生難忘。

我當過一個月「庫頭」、半年「飯頭」、一年「柴頭」。輪到典座時，也要炒菜、磨豆漿、米漿等，從準備早餐、午餐、晚餐，披星戴月，日子過得很充實。擔任「柴頭」時，因為大寮典座的大灶是燒枯樹枝，有一回，三更半夜下雨，我趕快起床用塑膠布蓋枯樹枝。有時候出坡作務有十多人，至東山撿拾枯荔枝樹枝，有的人利用空閒採草菩提穿念珠念佛，大家用扁擔挑枯樹枝回佛學院，沿路大家心裡默唱大佛法語：「佛地人多心甚閒，日看飛禽自往還；有求莫如無求好，進步哪有退步高。」我喜歡出坡摺報紙式的《覺世》旬刊，因為，我小時候就是閱讀《覺世》旬刊而發願就讀佛學院。

學習司法器，也讓人難忘，我所屬組別的五個人都是「很會緊張的人」，記得輪到我們這一組在大悲殿司法器，司法器那週，我自告奮勇當維那，出班走在四十坡就開始緊張，拿著磬槌的手一直發抖，直到早課圓滿。當糾察師指導：「維那在打什麼妄想？」我還不知道錯在那裡，原來我把《心經》舉腔從「般若」舉成了「南無」，大眾都知道接《心經》我感到很慚愧，勉勵自己要改進。經過一個禮拜的司法器，也有進步。

一九八七年參加佛光山行腳托缽，從台北走回佛光山一個月，有僧俗二眾三百多人參與，莊嚴的隊伍，令大眾生起對佛教的信心。第一次行腳托缽法會，我負責走在隊伍前面發宣傳單。記得在嘉義一戶人家庭院前，也遭遇被狗咬到的狀況。走到台中十字路口，又因為迷路求就於交通警察，到中南部又再次迷路，我在馬路邊等行腳隊伍，四位師姐坐車前來與我作伴，等待行腳隊伍。佛光山行腳托缽法會，我們看到許多感動的畫面，大家很歡喜我們的到來，讓大眾廣結善緣。

每當黃昏時分，師父有空時，都和大家一起打藍球，我們都很喜歡與大師打籃球，大師說：「打籃球，有六度的精神在裡面。」我們也很歡喜大師從國外弘法回山，他會集合全山大眾，開示弘法過程引起的回響，並且送給大眾國外帶回來的禮物，感恩大師慈悲護念大眾的菩提心。

每學期將近過年時，大家最歡喜的莫過於大師帶我們參訪，我們曾走訪美濃朝元寺、黃蝶翠谷、阿里山、杉林溪等參訪，增廣見聞。最特別的是一九八八年至美國西來寺受三壇大戒前，大師讓我們至迪士尼樂園坐雲霄飛車，至大峽谷等地參訪。一九九〇年我們參加大師在紅磡體育館的佛學講座，大師讓我們至廣東、廣西參訪，讀萬卷書，行萬里路，參訪能讓人心胸寬闊，增廣見聞。

因求真理登淨域，為學佛法入寶山，感恩師父上人的教導，感恩師長、大眾的教誨、成就。我要實踐師父的開示「怎樣做個佛光人」、「為僧之道」，三好：「做好事，說好話，存好心。」、四給：「給人信心，給人歡喜，給人希望，給人方便。」弘揚人間佛教，與大眾皆共成佛道。在佛學院的日子，點點滴滴都在蓮池裡面，化成一朵一朵的蓮花，是我人生最美麗的回憶。

從零開始

因為短期出家的因緣，我從馬來西亞飛往台灣叢林學院就讀。還記得當我一踏入佛光山時，覺得自己是從一個花花世界來到極樂世界。對佛光山的印象可以用「重重欄楯及行樹，諸上善人聚會一處」來形容。

但是另一方面，剛到叢林學院報到時，叢林學院對我來說是一個奇怪的世界。在這個時代，竟然沒有蓮蓬頭、沒有床墊、沒有冷氣、沒有手機、沒有筆電、沒有洗衣機、沒有電視機、沒有……總之在家該有的家電，這裡都沒有！那時的我想：「這樣的環境還能過活嗎？」

除此之外，由於文化、背景、語言的不同，我說的話同學們都聽不懂，又嫌我說話速度慢、繁體字認識不多，可是功課多須用繁體字書寫，梵唄的特殊音符「一二〇〇」也看不懂。總之這樣不懂、那樣也不懂，感覺自己像個白癡！

還有，學院的規矩多，這個不可以做、那個是犯規……真是令人不知所措！那時的我想：「這樣的日子還能生存嗎？」

不過，在經過不斷的自我革新與磨練，我的心終於從一開始的煩躁不定，到後來能安住身心。從中讓我體悟到，原來克服外在的考驗是一個對環境「習慣」的問題；而克服內在是一個思想「願不願意改變和接受」的問題而已。

例如：一開始〈爐香讚〉是五音不全的「爐……」了好一陣子，後來已經會唱五大讚子了；剛進入佛學院的前三個月，睡木板床睡到全身痠痛，到漸漸的覺得木板床最涼快；每天早上起床很不情願的與棉被作戰（在佛學院棉被是要摺成豆腐乾的形狀），到後來終於可駕輕就熟，把之前瑞士捲狀的棉被摺成豆腐乾了；當初覺得每天出坡作

務是苦差，到後來覺得一天不勞動和流汗就不自在，而且容易生病；起初因為師長在規矩和威儀上的要求造成身心緊繃，到後來有因緣擔任短期出家修道會的引禮法師時，卻非常感謝師長們平時的要求才成就我當一位有素質的引禮。

在這學院的生活裡，我深深體會到老師說過的一句話：「當修行成為生命最重要的目標，那些牽絆的雜物，在心裡的天平上，自然就失去重量。」所以，修行的生活就是全然接受的生活。好與不好、習慣不習慣都是第七識所作的執取而已，只要對症下藥的斷除了分別心，那麼我們就可以安住在佛學院的生活。在這裡我們可以全心全意的在行、住、坐、臥中修正行為，每分每秒都觀照自己的起心動念。忙得不得了，可是也覺得幸福得不得了。

我們來佛學院的目的不就是要薰習佛法，過修行的生活及習禪嗎？若我們安住身心，我們會覺知佛法、修行和禪就在日常生活中；所以，如果我們好好把握在佛學院的日子而活得有佛法和活出禪味，那就不枉費草鞋錢了。

修行並不難，吃飯能吃出美味，睡覺睡得很安然，就是修行，就是禪。衣食住行、行住坐臥，本來就是修行，就是禪。平常人要穿衣吃飯，進入佛學院後，仍然要穿衣吃飯，所不同的只是穿衣吃飯的感受和意義有區別罷了。

成為學長後，在新學年看著一群老是搞不清楚狀況的學弟妹踏入叢林學習、聽到五音不全的〈爐香讚〉、看著他們歪歪斜斜的排班等等，不禁想到：這，就是成為佛門龍象必經之路，大家一起加油吧！

我在佛學院的日子◇宗如法師

歡喜的人間淨土

佛學院那段精彩又嚴謹的日子，一晃眼已過三十七年……。

嬰兒時期就被父母送到寺院，在師太及姑姑的呵護下長大，十五歲初中畢業，養我育我的師太及姑姑毅然決然送我到佛光山就讀佛學院。他們一聽到台灣佛光山星雲大師所創辦的佛學院是以佛學教育、思想教育、人格教育及生活教育為理念，同時佛學院生活嚴格，有規律和制度化，就覺得適合調皮搗蛋的我去磨練一番！

第一天在朝山會館掛單，翌日我和姑姑從會館走向大悲殿禮佛時，巧遇師公和幾位長老師父從寶橋走過來，看到師公的那一刻，彷彿一尊高大的彌勒菩薩出現我眼前，當下被攝受了！霎時起了念頭：「哇！

好莊嚴，我也要出家！」姑姑在山上陪伴了我五天，終於要留下調皮的寶貝在山上「受訓」！

在印尼長大，初到佛學院聽不懂中文和佛學課程，常常將老師辛苦的講課當成催眠曲而呼呼大睡。一次師公上課，起初，我很恭敬且認真聽，結果還是忍不住睡著了！一位學長搖醒我說：「大師在跟我們開示，妳怎麼可以睡覺？」我被叫醒後，戰戰兢兢的坐直不敢再睡，但沒想到慈悲偉大的師公居然說：「沒關係的！她還小，剛來台灣聽不懂中文，要睡就讓她睡。」說也奇怪，這段話我居然聽得懂並感到害臊！就從那一天起，我每一堂課都不敢再睡了！原來師公的「慈悲愛語」功效這麼大！

感念剛進入佛學院時師公慈悲，擔心我年紀小會想念家人、擔心我不習慣佛學院生活，因此幾次要上台北別院為共修會信徒開示時，都會帶上我去走走看看，有時還會交代台北別院的師姑帶我去看教育片電影；有時候師公還會請侍者送一顆蘋果到教室給我吃，我也了解

師公用心良苦，要讓我感受到山上的溫暖和慈悲關懷。是的！師公一直都是用「四攝法——布施、愛語、利行、同事」度眾生。

多麼想回到育我成長的佛學院！最令我懷念的是山上四季中最熱情似火的夏季，每天太陽都非常認真的烤著大地；夏天一到，全學院的學生都有機會到後山採荔枝和龍眼。我最愛爬樹，我每次都當猴子在樹上吃個夠、吃個飽才丟幾顆下去給同學。有一次，因為我太愛爬了，愈爬愈高，荔枝樹的枝條很脆，一用力踩就斷，但樹神很眷顧我，當我往下墜時居然攀到了一根樹枝，幸運逃過一劫！樹下的同學大聲喊「阿彌陀佛——」，下來後我開玩笑的說放心，我還活著呢！想起在學院裡發生的每一件事，都是那麼清晰，有歡笑、有感動、有歡呼、有淚水。

就讀佛學院一年就出家，老師問師太和姑姑知道我要出家嗎？我說來不及通知了，菩提心已發起（當年只能用書信往來，寄航空也要一星期才能到印尼），老師看我這麼堅決就幫我剃髮。

剃度後，老師帶我們去法堂拜見師公，師公特別叮嚀我們四位年小的：「你們年紀輕輕決定走出家這條漫長的道路，要禁得起艱苦生活的考驗，要能融入大眾，給人接受……。」之後師公一一為我們提取法名，最初我有點不喜歡「道來」這個法名，但老師告訴我內號是「宗如」，我恍然大悟——合起來是「如來」！何其神聖！真感恩師公讓我時時刻刻提醒自己「我是如來！我要荷擔如來家業」，還有「道來」是飄洋過海為求「道」，剃髮尋師自遠「來」。師公給了我這麼特別的法名，怎麼可以辜負老人家的期望？

出家後我寫信回家報告師太和姑姑，並附上剃度典禮的照片，萬萬沒想到師太因此病倒一個月，一是擔心我一時衝動，將來無法走完這條路；二來是擔心我出家過茹苦生活受不了；三是怕我出了家不可以再回印尼的家。翌年放暑假，我向老師和常住請假回印尼探親和辦理重入境簽證，出家後第一次回到養我色身的家，我知道該怎麼做讓

長輩放心，於是儘量表現自己，儘量廣說山上、學院及師公、師父們、學長、同學們有多好，而事實也是如此！師太聽了全然放心，還特別交代要尊敬師長好好學習，畢業後一定要回來弘法度眾。

從印尼回到佛學院後，強烈意識到自己任重道遠，於是開始認真學習，但由於年紀還小，愛玩總是難免，而管教我最嚴格的是慈嘉法師，許是因為我太愛玩，也可能是他老人家了解師太與姑姑寄予我的厚望！

佛學院的生活，我最喜歡典座和行堂，尤其是典座。來到佛學院第一年的寒假，所有在家眾同學都各自回家了，那時我還沒出家，適逢山上有三時繫念超薦法會，要在大悲殿舉行，所有出家眾同學都被開牌上台，僅剩下我和一位來自馬來西亞的在家眾同學，當時老師在佛學院的圓門集合大家說道：今晚的三時繫念法會，所有出家眾都必須上台，天氣漸冷，下台後肯定肚子會餓，廚房需要人手煮麵線糊給大家吃，但學院派不出人手了，只好等到法會結束後才下廚房煮。我聽了馬上舉手說：「老師，我來煮！」當時全場都感到訝異，因為我在學院裡年紀最小，大家都覺得我哪可能下得了廚？但我堅決說可以，於是大家為我鼓掌。老師派來自馬來西亞的同學幫我起火，我人生中第一次拿起又長又重的鍋鏟，信心十足，後來熱騰騰的麵線糊順利按時起鍋供養師父們！這樁小事很快傳到法堂，師公聽了很高興的稱讚我小小年紀勇於承擔！

又有一次輪到典座，組長依宣法師看我有興趣烹煮就在旁指導，當輪組煮到最後一天時，我跟組長說這一餐讓我自己發揮，組長也認為我應該熟練了，加上那一餐的菜看起來比較簡單，於是答應讓我負責炒菜。有一道「滷苦瓜」，組長交代苦瓜要先在熱油中炸一下，才不會那麼苦，我照辦，而當調味時發覺苦瓜依然是苦的，於是就加糖，但還是苦……最後我把一甕的糖倒入一半，竟然也沒變甜！起鍋端去給行堂組，不久後，行堂組把苦瓜退回，附帶一句：大眾說今天的苦

瓜有異味！當時組長被老師罵了一頓，但他卻很慈悲的告訴我：苦瓜本質是苦的，不會因為加糖而改變它的本味。自此以後，我更認真的學習煮好每一道菜。

在山上讀了四年後，老師讓我轉學到台北女子佛學院續讀兩年，在那裡擔任了一年的德學長和三個月的庫頭（管理廚房、開菜單、叫菜、清點送來的菜），當庫頭時，幾乎每一餐的菜，同學們都吃得盤底朝天，這一切歸功於當年耐心指導我，給我機會的組長——依宣法師！

就讀台北女子佛學院時，院長慈容法師是普門寺的住持，容師父很慈悲，經常讓同學們到普門寺參與各項法會，從法務中我們學習到很多。畢業後，我申請留在普門寺實習和親近容師父，因為知道容師父是辦活動的強手；心想將來要回印尼弘法，必先學會布教法及舉辦各項法會和活動，才能接引信徒。承蒙容師父慈悲，讓我留在普門寺學習，那段日子我兢兢業業的做好分內事，一年中學習到很多實務，所以回印尼後方能得心應手的展開各項弘法活動，而容師父和藹待人和包容晚輩的雅量，是我學習的典範。對師公上人的敬仰就更不用說了，只能套用《詩經》的「高山仰止，景行行止，雖不能至，然心嚮往之」！

一九八五年回到印尼開始展開弘法活動，萬事起頭難，印尼是以回教為主的國家，印尼的華僑子弟幾乎不會華文，因為政府禁止華文三十餘年，這就是師公提倡本土化的原因。但我深信有志者事竟成，我必須對自己選擇的出家弘法路負起責任，不能辜負師太和姑姑的養育之恩，更不能辜負師長們培育之恩！

我是家中老大，回到印尼後，師太和姑姑對山上佛學院的教育深深讚歎，因此讓老二、老三、老四、老么全到山上求學，老二和老四追隨我的步伐出家弘法，他們分別是覺燈和妙品法師，如今各自在印尼獨當一面。這一切歸功於常住和師長們的培育，更感謝師太和姑姑

養育我們成人，還引導我們走向正道！同時感恩讓我汲取六年營養的母校——東方佛教學院及台北女子佛學院，感恩師公、師父們的諄諄教誨，雖然我不能發揚光大印尼的佛教，但我可以努力的弘揚人間佛教，以期更多的人都能沐浴在祥和歡喜的人間淨土裡！

探生命之旅

「免學雜費、師資陣容強大」，因為佛光山教育體系的健全，這是我選擇報讀佛學院第一原因。進入學院才開始認識佛教、認識人間佛教、認識星雲大師、認識自己。佛學院中最核心、最重要的一門課是認識自己。在學院我確立了自己人生目標。有多少人活在世上能夠確實的為自己活著？知道自己要什麼？有的人為房貸、為車貸、為愛人、為社會地位權益、為三餐溫飽、為他人給的一句話、一個臉色、一個肢體動作而活著。想為自己活著、為夢想、為理想，想有自己的一片天地，是我決定進入佛學院的二原因。

佛學院教育從基礎的生活教育開始，從吃飯睡覺裡，醞釀出我人生的希望。我看見了我未來的方向，發現原來我最快樂的時候就是奉獻自己，所以我選擇服務大眾為我此生的目的。原來古德所說的助人為快樂之本是這麼一回事。服務當中看似他人受益，其實受益最多的是自己，因為從服務當中，我學會觀察。時間、地點和時空的掌握，是成功要件。成功的人能夠在適當的時間點和空間做最好的決策和行動，像將軍領軍時能洞察時機因緣揮兵進攻和退守。在學院我學著當自己的心將軍，揮動佛法的旗子與煩惱魔軍抗戰。我得時時觀察心的動靜，不讓他侵蝕我的法身慧命。

四年的佛學院生活培訓健全我的信仰、信心、往前的力量。「不怕念頭起，只怕覺照遲」，況且我有院長、老師和同學們，他們像大樹一樣庇佑著、提攜著我小小幼苗的菩提心。我在學院很幸福、很快樂，因為有我能盡情的發揮所長、發掘潛能的平台和機會。老師們透過種種性質的活動開發我的潛力。就如一年一度的平安燈法會，我用社會上的那一套方式協助布置花燈，卻未能如預期，原來我沒使上佛

法的力量。師父說有佛法才有辦法。平安花燈是全山大眾一起出坡靠著大眾集體創作才算圓滿成功，不能單憑個人或好友幾人的力量，這就是佛法。心中要有大眾，這才是菩薩修行。只要我們願意接受佛法，願意放下自我，真心接受佛法的薰陶，必能為自己和家人帶來改變。

在學院讓我最感動的，是老師們的信任和願意提攜後輩的心胸，他們無怨無悔、竭盡所能都在為學生能成材。生我養育我者生父母也；長養我法身慧命者師長也。我在學院，學會典座煮數百人食用的大鍋飯菜，從開電動車運送貨物，除草種樹，到做活動行政策劃，我還能接待客人、導覽講說，能司打寺院的晨鐘暮鼓，殿堂早晚課誦法器唱誦，當糾察、當輔導員……，十八般武藝都能學有所成，但是如果沒有佛光山這個平台，就不會有我可以發揮的國際舞台，發揮潛能。

「有容乃大」，佛光山教育體系是平等的。學院有來自超過二十六個國家的學生，來自不同國度、不同氣候、不同文化、不同生活習慣，但能一起融洽生活在一起，因為兩個字——包容。同事攝，體諒並站在他人的立場，體會他的感受，就能體諒他人。記得開學不久，老師讓我們到六十坡和到普賢農場，以輕鬆的遊戲自我介紹認識彼此，敘述學佛因緣，彼此的坦誠表白和陳訴，拉近了師生彼此之間的隔閡和陌生感。能夠觀機逗教，以學生的性質調整教育方法提升學習吸收能力，就是教育者的功力所在。要維繫一家五口的小康家庭況且不容易，何況要維繫一家有一、二百位來自不同國度的人這大家庭，實屬不簡單，這關鍵在於心量。心有多大，事業就有多大。

勇者，探討生命之旅。從加入佛學院開始。

歡迎回家

十二年前決定放棄朝九晚五的生活，選擇到佛光山叢林學院就讀。八月分，我們一行十餘人，帶著行李飛往嚮往已久的寶島——台灣。當轎車徐徐往頭山門的方向前進，負責接機的法師說「歡迎回家」，這句話深刻我心，讓初到台灣的我，心裡滿滿的都是感動與溫暖。

在佛學院四年的生活，每天晚上都在安詳靜謐的夜晚入眠，白天則是在燕子的呢喃歌聲中醒來。一年四季，二六時中只有兩套替換的制服，減少了不知道要穿什麼衣服上班、出門的煩惱。三餐過堂吃飯，學習接受大寮準備的飯食，看似簡單的吃飯，卻也是一堂功課。過堂，除了可以靜靜的享受米飯香、菜根香，還可以從中看到自己的貪、瞋、癡。叢林學院學生手冊裡規定，二時粥飯，正意受食，不可以有喜、厭、增、減之心，一旦收進來的飯菜就必須用完，連飯渣菜屑都不可以浪費，吃飯也可以改變自己的惡習，去除三毒。在這裡，少了很多吃的、穿的、用的選擇，簡單生活，就是幸福！

記得有一年，師父上人為了提醒全山僧眾須貫徹過堂用餐的制度，領先表率，以身作則，準時坐在齋堂和全山大眾一起過堂吃飯。板聲響起，如同往常，大眾排好班，魚貫進入齋堂。遠遠的看見師父一人端坐在西單第一排第一個位置，大家都被震懾住了，連坐在台上的定和尚都有點惶恐不安。那幾餐，雖然吃得有點匆促，但我總是不時偷偷的看著師父的背影。為了重申佛門的規矩，師父無言的身教，令人感動、慚愧之心也油然升起。

在佛學院，生活習慣都可以適應，唯一挑戰自己的就是開口說話，尤其要上台講說，更是苦了沒有善說、樂說個性的我。但自從出家後，我不斷告訴自己，要改變、要承擔，因為出了家不能不說法，出了家

不能不承擔，即便是自己最不擅長的，也得硬著頭皮去做，不管做得好不好，我相信只要秉持《佛光菜根譚》所說「投入才能深入，付出才能傑出，平凡才能不凡，磨練才能熟練」的信念，就可以培養更多的承擔力。還好，一路走來，有老師、學長、同學們的教導與支持，讓我不畏風雨的突破自己向前走。

每年平安燈法會前，全山大眾都會出普坡，早齋後大家就像螞蟻雄兵一樣，分工合作、集體創作。有一天下午，我們被分配到「素食動物園」出坡，大家都很開心的為動物園打造一個乾淨整潔的環境，誰知天公不作美，竟然下起雨來。那時候的我們，還是繼續努力完成尚未完成的工作，忽然間聽到我們熟悉的聲音，滿醍老師在呼喚我們：「傻孩子，下這麼大雨，還不趕快上車！」老師是一邊念一邊趕我們上車，上車後，妙迦老師告訴我們，剛才一下雨，滿醍老師即刻拿了車鑰匙衝出辦公室，問他要去哪裡，他說：「我的孩子在後山，我要去載他們回來！」當下的我們都紅了眼眶，感動不已。

一年接著一年，從學弟妹到學長，要承擔、學習的事情也愈來愈多。有一年，老師分配我擔任大悲殿區平安燈的組長，當老師要我們提供平安燈所需的尺寸、數量及顏色時，我就開始頭昏腦脹，因為眾所周知，我的數學很爛，算了幾次都是不同的數字。還好後來由覺謙學長幫我解決了我的困難。

佛學院的六十坡，是我們的最愛。在那裡我們練梵唄、敲法器、訓練布教口才、讀書會、討論功課等，尤其放香日，我們相約在六十坡，不管是切磋佛法，還是靜靜的坐望藍天白雲，綠樹茵茵，享受叢林風月，在彼此心中留下美好永恆的回憶。

佛教有句話：「莫嫌佛門茶飯淡，僧情不比俗情濃。」開始並不明白偈子的意思，後來看到師父上人的解釋：「我們看佛陀坐在大殿裡，信徒向他禮拜，他總是淡淡的，但是彼此心中的那一份情，卻是亙古綿長的，所以說君子之交淡如水，淡淡的人情更長遠，更雋永。」

在佛門，師生之間、師兄之間、學長學弟妹之間的道情雖然淡如水，但卻看到了道比情更美。情會變，道不會變；情是一時的，道是永恆的。

從姿態學習

佛學院的生活很規律，晨鐘暮鼓伴隨著每一天，上殿、過堂、灑掃、上課、出坡、活動、自修……一切都是如此按部就班著，對以前就愛玩、喜歡驚奇的我，實在有一點不習慣；但卻被這寧靜安穩的環境深深吸引著，愈是沉浸，似乎愈是可以再把心看得更詳盡。

從國中開始就迷戀著籃球，在籃球場上的奔馳，享受籃球進網的響聲，高高舉起投籃的雙手似乎可以觸摸到天，來到佛學院少了籃球，卻還是喜歡將手高高舉起，享受觸摸到的籃天。每天藥石後，繞過大雄寶殿，沿著西淨長廊，轉上一階一階的台階，上到大悲殿與觀音媽媽交心後，獨自坐在四十坡上，感受這份寧靜；這裡雖然沒有外面世界的玩樂及動盪，卻是能讓心安穩平靜的地方。

令人震撼的一堂課，「打得念頭死，許汝法身活」是禪宗的教育法，每到上這堂課時，教室裡講台上就多了一組桌椅，被稱為「小西天」，凡是踏上去坐的人，都有機會重新檢視自己。老婆心切的老師，一層一層的為台上的同學抽絲剝繭，赤裸裸的面對著自己的習氣及煩惱；一次的機會登上這令人又敬又畏的「小西天」，原來在面對自己的習氣、煩惱時需要很大的勇氣，若沒有這個勇氣，無法下定決心真真實實的面對，乃至解決、改變、放下它，在此時我看著這樣的習氣、煩惱，深知這不是瞬間就可以改變，須有學習佛法的智慧才能一一斷除，但若沒有沉靜的心也很難看得清清楚楚。

「提起正念！」在老師們的督促之下，所有的行為、念頭無不時時要看緊；這一週是佛學院的「拖拉牌」週，凡是丟三落四、遲到粗心，都得乖乖的戴上「拖拉牌」，就此檢視著自己是否時時刻刻提起正念，還是讓妄念紛飛而放任行為？除了「拖拉牌」外，還有「饒舌牌」；

在佛學院每到藥石後七點開始，至隔日早齋後七點前是禁語時間，大家會在這個時間裡複習一天所學及做自己的定課，當然也有好講話的人，不小心脫口而出，就會收到這小小的「饒舌牌」配戴，以提醒著自己別再散心雜話了。

佛學院中每日晨起的灑掃工作，是為了將心清淨後得以受持更多的佛法入心。在家裡，偶爾會幫媽媽做一些家事，如洗碗、吸地、擦地、洗衣、晾衣等，進到佛學院得知每天都要打掃工作，心中還有點得意，覺得自己絕對沒問題。沒想到開學第一天是大掃除，打掃西上樓的淨房，被組長分配到盥洗間，總共有八間；組長很認真的分配了工作：「你就負責盥洗間，要刷地、刷磁磚、刷水龍頭……」，就這樣我拿著長刷調好了泡泡水，正要開始時組長喊住了，「要用小刷子刷地板才會乾淨，還有排水溝也要刷」，就這樣被換了工具，開始與磁磚奮戰。

身高近一七〇公分的我，要曲膝彎腰蹲在地上，以最近的距離靠近磁磚用力的刷著，還不太會刷的我動作有點慢，組長看不下去，順勢將刷子拿走以敏捷的身手示範給我看，「看，要這樣刷才會又快又乾淨」，本來還很高興的以為組長會幫我刷，結果一轉身又留下我和磁磚對望，然後大聲的對我說「快點，要在九點以前結束」。看來這一次是逃不掉了，只好硬著頭皮，再讓姿態更低一些，學著組長的動作，將手再更接近磁磚用力的刷著；此時一股酸味襲鼻狀似作噁，心中告訴著自己：「不能退縮，連這關都過不去，怎麼去面對更多醜陋的自己？」就這麼抬起頭深深的吸了一口氣憋住繼續與磁磚抗戰。

果然在九點不到將八間盥洗間刷得乾淨溜溜，當然後來組長還是多派了一人協助我，好讓工作圓滿落幕。在佛學院的第一課，雖然只是大掃除，還沒有正式聽聞佛法，卻讓我學到了很多，是姿態的放低，學會了謙遜柔軟；是組長的耐心，學會了以身作則；是那心意識的作用而感到的噁心，讓我體會到《金剛經》的「應無所住，而生其心」，就這樣我似乎多了一項武器，在佛學院的日子裡勇敢的面對內心的習

氣與煩惱。

佛學院的教育是勇敢的教育，在生活規律中、在環境寧靜中、在師長及學長的老婆心切中，時時刻刻照顧、觀察，然後不斷的累積勇敢、智慧去面對這被習氣煩惱遍布的心，然後一一化解、除去，最後得到身心的自在。在佛學院的生活，要讓自己就像塊海棉一般努力的吸收著，吸收著師長給予的教導，吸收著學長給予的示範，放下姿態、提起正念，就是我在佛學院的日子。

那段學院時光

自出家至今，很少去回憶自己的過去或自己參與的事蹟。從叢林學院畢業後，每天都在工作中忙碌的學習、成長，充實自己修道的生活，渾然已忘了時間的流轉。驀然回首，啊！我已離開學院學生的生活三十多年了。雖然，身分改變了，但出家的生涯中，我又何嘗離開過學院？

民國七十二年八月，我來到佛光山叢林學院就讀，同年九月出家。當時，學院外聘許多佛學專家、學者來學院教學，例如：日慧法師的「華嚴思想」、常覺法師的《攝大乘論》、幻生法師的「因明」、楊白衣教授的「印度佛教」、游祥洲教授的《大智度論》……，當然，還有師父上人、心定和尚、慈惠長老、依空法師等的授課。

外聘老師的課程，是隔週上課，每一次都是上八節課。所以，每週六下午、週日早上，都是外聘老師的課。為了學習，同學每週六、日，都忙得不亦樂乎！學院學習的生活，過得非常充實。

遇到考試時，是同學大團結的時候了。通常外聘老師的考試方式，幾乎都是開卷考。因為科目多，所以，不管專一或專二同學，大家分工合作，分別去找文獻，提供給大家，再各憑本事去撰寫。有時，連題目、答案都不知如何下手時，學長會作示範講解、說明，讓大家都能在功課上得心應手。現在回憶起來，那段的學院時光，真是溫馨與快樂。

記得，學院中的生活學習，都是學長帶著我們。平時，學長不但指導我們行住坐臥的行儀、作務外，舉凡學院舉辦的活動，也是學長帶著我們一起學習，老師指導方針。如：大悲殿的大悲懺法會，從廚房的典座、行堂，到香燈、布置、法器、知客、開示等，全由同學負責。

當時，全院含專二、專一、東院同學、英文班、日文班，約九十位左右！這種大家庭的學院生活，讓每個人生活在其中，身心安住、充滿歡樂。有困難、煩惱時，找學長！生病時，找學長！需要幫忙時，還是找學長！那時，學長是全院同學學習的靈魂人物。

學習中，影響我最深遠、記憶最深的，是師父上人的指導——文章寫作及經典表解的學習。在學院就學期間，因為在《普門》雜誌（早期《普門》雜誌社設在學院校舍後方）公務學習，有因緣幫忙謄寫師父演講集錄音帶的內容。因為是學生，又來山上不久，師父演講的口音聽不太懂，自己的組織能力也不好；每次，都讓師父上人在文章上，改了又改。文章上改過的痕跡，常常是滿江紅。但是，師父上人總是不厭其煩的教導我們如何寫作。

也因為要繕寫文稿，每週六、日的晚上，教務處允許我們到十一點才回寮休息。當時，院規規定是不准學生吃零食的，包含泡麵在內。

我們有幾位同學，一起參與繕寫的工作。每次到了晚上九點多時，肚子就會覺得好餓。師父上人常常會這時候出現，帶東西給我們吃；也會請人帶來餅乾、泡麵之類的食物給我們。雖然，早已事過境遷，回憶過往，仍然是充滿歡喜與幸福的。

師父上人的智慧，從他闡述人間佛教的相關書籍、文章，對佛法的新解，就可以得知。但對我而言，學習過程中，師父上人的經典表解，是超級清楚、有條理、有次第、又方便、又好用的教材。每一部經典在表解中，可以清楚一覽整部經的組織體系與重點。比傳統的科判，使人更容易懂、更容易學習。在佛學院，承蒙師父上人的讀經指導，使我研讀天台宗典籍時，也能應用表解的方式，迅速理解一經之梗概。

如今我還是沿用師父上人表解的方法，研讀各種經論與教學。現在教學上，若有一點點小成果，這都是師父上人指導之賜。（師父上人的經典表解，現今已編入《全集》中。）同時，佛學院的學習，對我的工作與教學，是影響深遠的。

當然，佛學院是我們學習的搖籃，培育僧才，在世界五大洲，擔負弘法利生、傳揚人間佛教使命的工作，佛學院的養成教育，真是功不可沒！對我而言，真是無限的感激！

悲智願行下的
成佛之道

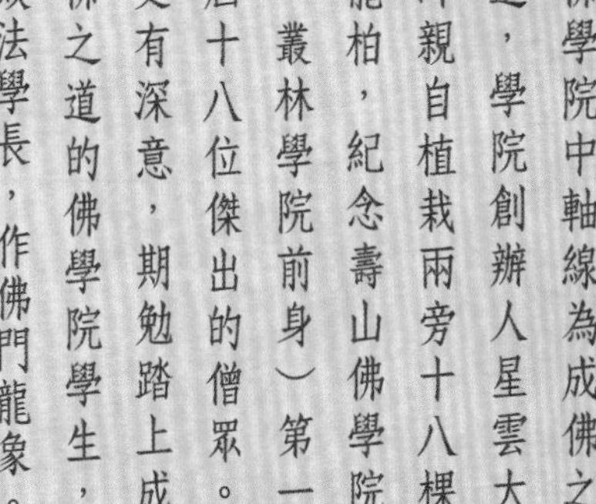

佛學院中軸線為成佛之道，學院創辦人星雲大師親自植栽兩旁十八棵龍柏，紀念壽山佛學院（叢林學院前身）第一屆十八位傑出的僧眾。更有深意，期勉踏上成佛之道的佛學院學生，效法學長，作佛門龍象。

修行的真義

記得一九九一年於總本山（佛光山）受完三壇大戒後，就隨著佛光山叢林學院男眾學部搬到北海道場，我在北海道場總共住了四年，大都屬於求學的階段。記得一年級上課時，我問老師：為什麼以前做在家護法信徒時很發心，但出了家，反而沒有那股熱忱？老師回答：因為你覺得已經安全，到彼岸了！其實還早得很，出家只是開始！

又有一次上宗門思想，老師對一位向來很傲慢的同學說：你的法只能看不能用，星雲大師的法不但好看，又很好用！雖然是對他講，但我聽了猶如當頭棒喝！心想：我的法難道只能看，不能用嗎？為了證明我的法能不能用？在佛學院一年級結業後，我簽下了當時都沒有人願意簽的北海道場知客工作。

我在北海道場擔任知客將近一年半，一面求學，一面為大眾服務，幾乎是沒有放香日的！除了星期假日要到常住那邊帶信徒遊客參觀，星期一放香日也要打掃三、四樓的客房！每當我帶著信徒遊客參觀佛學院教室或圖書館時，看到同學們正在用功讀書，我心裡也會想：同學現在可以安心讀書，那我呢？尤其星期假日學院會邀請一些專家學者做專題講演，每次經過時，聽到裡面傳來的歡笑聲，我心裡也會有所掙扎！不過，後來心想：能夠好好讀書、聽講演固然很好，但能夠做知客，為大眾服務也不錯啊！心念一轉，當下也就釋懷了！

記得有一次正在教室看佛書，看得法喜充滿，幾乎已經進入三昧之中！這時窗外突然傳來音聲：昭師！常住的職事請你過去，有人要來掛單！說真的，當時真的很不願意！不過，後來心想：我讀佛書、學佛修行的目的何在？不就在放下我執，要無我嗎？如果連這個也放不下，那還談什麼修行？因此立刻放下書本，到常住客房為大眾服務！

記得有一天傍晚在打掃客房浴廁馬桶時，突然一道靈光乍現：哪一個不是佛菩薩？哪一個不是佛法？馬桶、垃圾桶、桌椅、蚊子，甚至你的怨敵等，哪一個不是佛菩薩？哪一個不是佛法？都是啊！這就是華嚴思想所說的「普賢行、普賢境」。所謂「普賢行」，就是一切所行，包括身口意三業行為，都是普賢菩薩之行；「普賢境」就是所遇到的境界，都是普賢菩薩之境界！這也可以稱為「觀音行、觀音境」，「彌陀行、彌陀境」，「釋迦行、釋迦境」！簡單來說：所說的話，都是佛的語言；所做的事，都是佛的行為；所起的心念，都是佛的心念！所處的境界，都是佛的清淨自在解脫境界！所以阿彌陀佛在哪裡？就在我們的心！極樂淨土在哪裡？就在當下！這也就是《三時繫念》所說：「阿彌陀佛即是我心，我心即是阿彌陀佛；淨土即此方，此方即淨土！」、「了則頭頭見佛，悟來步步西方！」

因此當我們只有付出而沒有自私，只有喜捨而沒有貪欲，只有知足而沒有不滿，只感恩而沒有怨恨，只有慈悲而沒有瞋恨，只有謙虛而沒有傲慢，只有讚歎而沒有嫉妒，只有光明而沒有黑暗……，我們的道路將更為寬廣，世界將更為廣大！諸佛菩薩不都是從成就他人，來完成自己嗎？

自己的道路自己選擇，自己的世界自己經營，自己的淨土自己創造，一切靠自己！別人是替代不了你的，別人能夠幫你的，也只是給你因緣，就像阿彌陀佛創建了西方極樂淨土，也只是提供你可以往生到那裡繼續修學，修學完成，再迴入娑婆度化有情眾生。而佛光山開山星雲大師創建了佛光山，在世界各地創建了寺廟道場，同樣的，也僅是提供你在這裡修行辦道！要往生、要悟道、要解脫成佛、要過什麼樣的生活，一切都要靠自己！

我在佛學院的日子，除了擔任知客外，也擔任過生活組長、教務助理等。感謝一切因緣的成就，讓我能夠為大眾服務，弘法利生！感恩諸佛菩薩，感謝師父上人創建佛光山，創辦了佛學院，讓我有機緣

深入經藏，修行辦道。感謝父母的養育之恩，感恩佛學院的孕育，讓我能夠學習成長！祈願每一個眾生都能得遇善知識，見佛聞法，具正知見，圓滿佛道！

做中學 增福增慧

十多年前我選擇要在佛光山出家的時候，有的人告誡我「佛光山的法師一直在工作，你到佛光山會沒辦法修行的！」雖然我不了解佛光山，甚至連星雲大師是誰都不曉得，但看見佛光山所辦的各種弘法事業，讓我生起嚮往之心，迷迷糊糊選擇到佛光山，進入了叢林學院。

我是個道地的韓國人，到叢林學院讀書時中文程度很差，週記上老師曾說：「不知道是我看不懂，還是你不知道在寫什麼？」過了十幾年我成了叢林學院的老師，也為山上承擔許多的翻譯工作。不敢說中文造詣很高，但也到了一定的水準。現在回想，這一切都要感謝常住及學院讓我「做中學，學中做」，從實際經驗中學習成長的關係。

翻譯的開始

在學院讀書的時候，雖然中文還不太好，但陸陸續續有些機會協助常住做一些翻譯工作，第一次擔任翻譯是在二〇〇〇年一月韓國三大寺院之一——僧寶宗刹松廣寺住持及佛學院師生們到佛光山參訪，進行交流活動的時候。雖然山上只有我一個韓國人，但在常住的慈悲安排下，指派讀佛學院才半年，中文不太好，又沒有翻譯經驗的我去承擔接待及翻譯的工作。

過去從來沒有翻譯經驗，一開始翻譯常常錯誤百出。當時一起出來接待的學院老師告訴我請大家要準備下車，我就很自然的拿起麥克風跟韓國的法師們用中文說：「各位法師，請準備下車！」說完轉過頭來對老師用韓文報告說：「老師，我跟大家說了！」過了許久還沒發現自己講錯，那些韓國的長老法師們也忍不住「哄車大笑」了。

三壇大戒的翻譯

二〇〇三年三月，佛光山舉辦了國際三壇羅漢戒會，有四位韓國法師來求受三壇大戒，常住請我到戒場裡幫忙翻譯，並擔任松廣寺方丈和尚菩成長老的侍者。為期五十三天的戒會裡，從早上起床到晚上休息為止，每天二六時中跟著四位韓國法師們所有活動協助翻譯，不管是體力上或精神上都是很大的挑戰。加上長老法師們的口音及深奧的佛學用語，可說是雪上加霜，整堂課幾乎沒有辦法翻譯，常常因為等不到我聽得懂的話，翻譯到最後竟然睡著了。隨著「睡眠時間」的累積，對自己的翻譯逐漸失去了信心。

初壇正授過後，有一天晚上戒會安排師父上人的開示，師父上人特別召集了翻譯人員，到法堂跟師父一起吃飯，師父上人在法堂親自寫著白板跟翻譯人員解說晚上要跟大眾開示的內容，並勉勵我們的辛勞。聽過師父解說，忽然明白了許多佛教義理之間的關聯，師父上人的口音也不再造成翻譯上的困擾，對翻譯重新產生了很大的信心。經過師父的指導與五十三天戒會的磨練後，雖然沒有經過專業訓練，我已經變成了擁有即時翻譯能力的翻譯專員。

結緣的重要

成了翻譯專家後，出來支援服務的機會愈來愈多了，常常隨師父及長老們到韓國弘法，協助學術研討會的翻譯，美術圖典的韓國文物稿件校對，韓國團的接待等等，甚至還到大陸參加外語人才的交流會。到了佛學院三年級，整個學期中我聽老師上課的時間不到二週，心裡開始覺得我明明只是個學生，卻在外面東奔西跑，為什麼都沒有辦法認真讀書修行？翻譯工作反而變成了內心的煩惱。

有一天，師父上人從國外弘法後回到山上，因常常聽到我很發心

幫忙翻譯工作，師父上人召我來鼓勵說：「結緣很重要，這都是你未來弘法的資糧。」雖然是短短一句話，心中的煩惱瞬間化解，也成為發心的原動力。

想一想，師父上人一生沒有拿過一張畢業證書，但創辦了叢林學院，創建了佛光山，將人間佛教遍傳五大洲，就是因為師父上人有邊做邊學的「做中學」性格。以前人的告誡沒錯，佛光山的法師一直在工作，但是不代表沒有修行，佛法不只是在書本或老師的講課中學習，也不只是在禪堂的蒲團上修，也可以在服務大眾中修。回想自己在佛學院的學習，老師在課堂上教導的佛法讓我收益良多，在禪堂的禪修體驗也很珍貴，但大眾服務中學習到的，勝過課堂或殿堂中的學習。甚至過去諸佛菩薩也是這樣修的，《如普賢行願品》云：「因於眾生，而起大悲；因於大悲，生菩提心；因菩提心，成等正覺。」因為有眾生，菩薩才得以成就菩提，這就是真正的菩薩道修行方法！

四十天的佛學院日子

一直遲疑，不知道自己是否夠格寫「我在佛學院的日子」，因為嚴格講起來，自己只待了四十天。

二〇〇八年我決定要出家，用了四天結束了在美國生活了五年的一切。回到本山，才與傳燈會當時的執行長永融法師談了五分鐘的話後，就被帶到傳燈樓三樓，與所有第二天要剃度的叢林學院女眾學部同學一起聽師父星雲大師開示。隨後五分鐘，打電話給在台中的媽媽，告訴她晚上要剃度，並且詢問她明天有剃度典禮，要不要來？

感謝台灣的高鐵，傍晚藥石前，媽媽出現在朝山會館前，陪她用了餐後，我就回院準備出家事宜。到了晚上再見面時，媽媽只跟我說，

「古有裴休，含悲送子入空門，今有我歡喜送女入佛門，此生已值得了！」然後母女沒有掉一滴眼淚，歡喜互道晚安。回到寮房，開始了在佛學院的第一天。

第二天早上過堂，行堂放了一個比拳頭還大的饅頭，是當時自己平日一天的飯量，正發愁怎麼辦？看到隔壁的同學把饅頭撥了一半放出去，心想「太好了！可以只要一半」，立刻有樣學樣，放了一半出去。那裡知道行堂的同學走來，一大匙的奶酥醬塗在那半個推出去的饅頭上，再偷瞄一眼隔壁的同學，她歡喜的收進來吃，自己也只好乖乖的收回來，一口一口的塞下去，除了原來行堂舀的一碗豆漿，一口水都不敢要，怕把自己的胃給撐破了！

當時的學院院長是慧寬法師，特別請教務老師幫我這年長的叢林學院新鮮人擬了一張特別課表，因為只能在學院待四十天，就要回到美國西來寺受戒。但就這四十天出糗的事，比自己在社會上三十幾年還多，找不到教室，排班排錯位置，出坡走錯地方等等，諸如此類。

但是永遠忘不了，師兄們的道情法愛，不管是哪一個科系的師兄、同學們，都會記得把我帶去、領回或是找回來。所以現在每年的同學會，可以參加兩次，就是因為那份特別的課表，讓我與上下兩屆的師兄們結下了深深的緣分。

永遠記得二〇〇七年在西來寺參加短期出家時，在大眾中向慈容法師請法時，向容師父表示，短期出家的課程好棒，法喜充滿。容師父就說了「這是短期出家才幫你們排課程」。真的！後來出家後，才知道原來容師父是告訴我們，佛教的教育是「自覺的教育」。在學院裡短短的四十天的課，只是俗語說的「師父領進門，修行在個人」。

出家四、五年後，母親跟佛光會的活動去大覺寺參訪，我帶領信徒與母親到名山寺院參訪。數天後，一個早晨母親坐在床邊嘆了一口氣，我驚訝的看著母親，以為她身體不適，豈料她悠悠的說：「佛光山了不起，我用盡心思教育了數十年的女兒，不及佛光山四、五年的叢林教育，讓我女兒脫胎換骨，所以當初你哥哥反對時，我就告訴他，全世界沒有一個地方比你待在佛光山讓我安心。」是的，在家時的懶散、拖拉、沒責任心的自己，在一切以常住、大眾為第一的觀念中，讓自己在不自覺中改掉了自己在家眾時的壞習慣。

從美國的西岸西來寺在眾中學習四年多，調到中部德州香雲寺的兩人道場兩年，再被調派到東岸的紐約道場再回到大眾中已近三年。一路由西向東移，外在的環境由暖變冷。特別在冬天調到紐約，從沙漠的德州到紐約的寒冬，讓人會不自覺的陷入蕭瑟憂鬱的心境。有人說「天冷，人情更冷」，但看到在佛學院同學ＬＩＮＥ的群組中，分享了慧屏法師一篇因師父言行啟發寫下的〈做己貴人〉，提醒了自己不僅要做己貴人、做己冬陽，更要做每個人的太陽，消融冷峻的人情。也常常憶起初出家時，一位師兄的金玉良言，不論境界如何考驗我們，一定要深入經藏。

修行這條路是自己的選擇，雖是在眾中，但有時也是孤獨的，感

謝佛學院的因緣，常有善知識的分享，有過一則佛學院同學的分享說：「外境或許是共業，但心境肯定是別業。因此不要為了別人的言行，放下自己的修行。修行的目的也不是讓你改變別人，而是不斷的改變自己來影響他人。」繼而去年十二月到今年一月，出家近十年第一次離開常住的工作崗位兩個月之久，陪著母親到鬼門關前走了一遭，也才真正的體會到，當初向常住求請出家時，自傳中寫到「出家不為了脫生死，只想為常住盡己之力弘揚佛教」是多麼的粗淺！因為沒有真正面對到生死的境界，豈知生離死別的苦真是無法言喻？「了生脫死」又豈是那麼簡單！

深刻的體悟到師父的手術、母親的病苦，都是以身示教，故而不再說苦、不再說痛、不再說不能忍，在這出家的這條修行路上要盡形壽，不忘慈悲心、感恩心、慚愧心、同理心。以「師心為己心，以師志為己志」，發願再來。

平安花燈是全山大眾一起出坡，
靠著大眾集體創作，才算圓滿成功。
不能單憑個人或好友幾人的力量，這就是佛法；
心中要有大眾，這才是菩薩修行。

平安燈
平安燈
平安燈
平安燈

慧命的搖籃

登上青石板階梯（六十坡），穿過油漆斑駁的紅圓門，那是多少青年慧命養成的搖籃，也是我翻轉人生的開始。

一九八六年十二月當時仍是普門青年的我，當天早課後，巧遇星雲大師前來會客，因為當時讀佛學院的念想，始終盤旋於腦海中，故我乘此機緣，守候在客堂外靜待大師。當大師步出門外，我也不知道哪裡來的勇氣，一個箭步走向他面前說：「大師，我想去讀佛學院。」而大師慈祥的告訴我，他現在要回佛光山，要我去山上麻竹園找他。

得到大師的允諾後，我開始打包紅塵的一切準備前往佛光山，到佛光山那天，大師在麻竹園法輪堂跟佛學院學生上課，結束後才步出一樓電梯，我就立馬上前，或許這突如其來的舉動，驚嚇了隨行人員，馬上有人跨前制止，但大師當下就認出我是那個想讀佛學院的青年，因此馬上吩咐佛學院的老師，幫我做了安排。

臘月隆冬正值佛學院放寒假，在等待下學期開學期間，我跟著學院同學作息幫忙作務，而我最期待的則是每天下午四時半，在東山籃球場跟大師一起打籃球。大師一生酷愛籃球，那也是他在忙碌的一天當中和弟子們最親近的地方，全山大眾不分僧信老少，只要歡喜都可以上場打球。大師說：「打球就是修行，籃球是一項訓練自我成長、完成自我人格的運動，能長養感恩、勇敢、迅速、認錯、服從、寬容、合作等美德。」這和我追求真理的方向一致，因此深契我心。

我很快的適應了僧團生活，兩個月後，農曆二月初一信徒香會那天，我終於如願披剃出家，成為大師的弟子，並在一九八八年前往西來寺受三壇大戒。在師父、師長的教導下，我順利完成了佛學院的學習課業。一九九一年我被派到台中東海道場職任當家，這又是一個新的課業，面對龐雜的寺務運作學習，挑戰才真正開始。

記得剛接到任務時我萬般惶恐，因此我跟師父說：「師父，我什麼都不會。」而師父慈藹的回答我說：「有佛法就有辦法。」帶著這句就職法語，多年來弘法道途，縱然滄浪險惡，它就像一句佛賜的咒語，憶及念及便能法力無邊的幫助我突破困境。

大師曾說，滿舟有「熱心」的特質。或許是這種熱心的性格，讓我能勇敢的承擔很多常住的託付。從籌募佛光大學建校義賣、佛光緣書畫拍賣會到籌建光明學院、員林講堂，我自許要做到不辜負師父與常住大眾。二〇〇二年淨土文教基金會慈莊法師退休，當時員林講堂也已完成啟用第二年，七月十六日上午，我接到師父從日本打來的越洋電話，要我接任莊法師的工作，當天晚上傳燈會覺容法師就到員林載我到台北道場，隔天七月十七日上午就交接了。

在淨土期間，除了負責佛館工程，在全體努力下我們也陸續完成大明寺、南台別院、南屏別院、鳳山講堂、金蓮淨苑及菩提迦耶印度佛學院的建築工程，而大師也指派我整合如來殿後面、藏經樓和問道堂的土地，雖然地主反反覆覆，最後，我終不辱師命，讓本山和佛陀紀念館及藏經樓能完整的連結起來。二〇一一年佛陀紀念館落成前夕，我向師父請求調至澎湖，偌大的佛館像我生命中的一朵青蓮，我在內心許下願望，希望每一個踏入佛光淨土的有緣人皆能世世不離佛道、常持善法，護持人間佛國，帶著這一份念想我又踏上征程，希望將人間佛教帶到菊島。二〇一三年佛光山舉行臨濟宗第四十九代傳法大典，蒙師父厚愛，我亦在眾中，師恩浩蕩，難以回報，謹以「師心為己心，師志為己志」，讓佛光普照三千界，法水長流五大洲。二〇一六年十一月二十九日奉常住派令兼任南台別院住持。

佛學院是我尋找真理的楔子，它像利斧劈去紅塵暗影，讓我重新審視生命的渴望並洞見佛法的奧妙，引導我勇敢面對那無數難為人知的困難；感謝師父賜予的就職法語——「有佛法就有辦法」，如春風拂袖般的為我引領，走出自己的佛法人生——「享受清貧，樂於淡泊，勤耕道業，安住菩提」。

星雲大師籃球場上的教育

回想在佛學院的日子，那已經是二十八年前的事了！

那時候的我，在《普門雜誌》擔任美編，每天路過佛學院，看著學長們排班，好莊嚴喔！早晚課誦的梵唄聲，總是讓人很感動。後來我也報名就讀，成為佛學院的一分子。

清晨寂靜的佛學院，陽光從樹梢透射在長廊，一層薄薄的曉霧，如夢如幻，似假亦真；燕語呢喃，蟬鳴啾啾，佛學院總是散發出一股清淡的七里草香。

白天，老師跟同學們上《學佛行儀》，教導「行如風，坐如鐘，立如松，臥如弓」，看到學長們威儀齊整，不禁對他們升起恭敬效法的心；晚上，有時要上《大智度論》，那時候真是懵懵懂懂。而最期待的是晚上的自修課，我總是喜歡隱藏在圖書館角落的書桌，一個人靜靜的閱讀家師星雲大師的著作。

那時候《釋迦牟尼佛傳》、《星雲大師演講集》給我很大的啟發，經常讀著讀著就感動涕零，一種與法相應，與真理印心的感動縈繞在心裡，久久不散。讓我每到自修時間，就想要閱讀師父上人的著作，以喚醒心靈的主人翁。

在佛學院的日子，最緊張的是早晚課誦被開牌司法器，我有好幾次是敲大磬、作維那，這不僅僅是自己要反覆練習唱念、敲磬的板位；最重點還是要跟其他的法器配合節拍與速度，講究的是耐煩、攝念正心，在種種好因好緣，條件具足之下，才能有一個莊嚴和諧的共修會。所以古德說這是龍天耳目，關係到大眾的修行，不可以輕率，忘失正念；又說「大眾慧命，在汝一人；汝若不顧，罪歸汝身」，因此「寧動千江水，不動道人心」。

在佛學院的日子，最感到樂趣的是寒暑假輪到「典座」，因為我在學期當中是《普門雜誌》的公務生，只有寒暑假才會輪到典座。那時候佛光山的佛學院並沒有瓦斯爐，我們典座要烹調學生、職事三百多人的食物，從撿柴火、劈柴、生火開始；要挑菜、洗菜、切菜、配料、調味，煎、炒、煮、炸，直到熱騰騰的菜餚起鍋放進桶子，交給行堂的同學，收拾善後，工作才算完成。

大寮是一個集體成就的地方，環環相扣，必須與他人分工合作，才能完成任務，因此溝通、協調，顯得特別的重要。為了團體的和諧，自己必須學習表達、說話的藝術，尊重與包容是不可少的。

在佛學院的日子，最懷念的是，只要院長（師父上人）沒有外出，老師就會通知佛學院的同學，下午可以到東山和師父上人打籃球。

當時在佛光山打籃球是很特別的，無論是學生或職事、出家或在家、男眾或女眾，只要有緣都可以自由進入球場打籃球；年少的我經常是跟著大家後面跑，跟著球跑，卻始終摸不到球的那個人，就這麼打成一團。看起來好像沒有球賽的規矩，可是又有好多的道理在裡面。

因為每次球賽之後，師父上人就會招呼大家就地圍坐下來。師父會跟大家開示之所以建藍球場的原因，是我們佛教青年，有許多不健全的毛病，可以在球場上治好。

例如：佛教青年有遇事猶豫、退縮的毛病。但是在球場上，你不勇往向前，把握那最緊急的一刻，你就碰不到球。

佛教青年有不認錯、不改過的毛病。球場上犯規，立刻就要舉手向對方道歉，服從裁判的判決。

佛教青年有不團結合作，獨自的唯我主義。但是在球場上，是團體遊戲，若不和人合作，單打獨鬥，教練準要把你換下來；因此要配合別人，替別人製造機會，才能贏球。

佛教青年缺乏榮譽感，沒有冒險犯難的精神。在球場上，所想到的就是勝利，必須衝鋒陷陣，爭取榮譽，即使輸球，也要贏得風度。

佛教青年缺乏慈悲和尊重別人的氣量。在球場上，即使對方是敵人，也不能任意冒犯，甚至要感謝對方，因為沒有他們是不能打球的。佛學院的教育讓我體會，在殿堂拜佛是「德育」；在教室研習義理是「智育」；在操場活躍運動是「體育」……。佛教學院五育並重，才能培養優秀的人才；師父的籃球教育，其實就是一種管理的哲學。

踏入選佛場

佛學院是走投無路落魄人的集中營？是逃避現實的難民營？還是發掘自我般若本性的選佛場？二〇〇三年春節參加大馬佛光青年團的尋根之旅，首次踏入佛光山。看到「選佛場」三個意義深遠的字懸掛在佛光山菩提路盡頭的上方，當初還不知其出處，但卻深受感動與震撼，它們像是在告訴我：這是人世間最平等的選拔場所，非與他人比美貌或比技藝，而是與自己的習氣較勁。念頭飛快的閃過，彷彿喚醒了久遠劫前的承諾。我知道如果要進到選佛場當「選手」，先得報讀佛學院。佛學院到底是什麼？得自己來揭曉。

歷年春節在東禪寺當義工，因緣具足插班進到東禪佛教學院，隨東禪遊學團到香港、台灣參學。記得在香港，滿慧老師帶我們到大嶼山的一間古寺參訪。佛香講堂的法師們一早為我們的「遠征」準備了飯糰。到了大嶼山，沿路沒有交通工具，只能用步行的方式尋幽探祕。沿路有不少僧人扛著物品匆匆走過，我們也不知走了幾個小時的路，同學們從沿路說說笑笑到大家急喘呼呼，這路，到底有沒有盡頭啊？當大家快走不下去的時候，同學間突然有聲音說道「寧向西方一步死，不回東土一步生」。多麼契理契機的一句話！當初玄奘大師步行十數年歷經生死劫難，堅持西行取經，我們走這段路算得了什麼？慚愧啊！古德先賢的願力及毅力才是我們要效法的精神。此時，道心的幼苗開始在心裡萌芽，我對該古寺的樣貌已不復記憶，但在路上的經驗至今難忘。

遊學團在台灣叢林學院參學期間，有一次在週會聽到滿醍老師對大眾說：「不要給自己尋找抗拒的藉口，要能找到接受的理由。」我想這就是在佛學院的生存之道吧！老師的教誨一次又一次助我戰勝難

關。過去背負著很多的成見習氣，如何能安住學習？週會過後對叢林學院有了新的詮釋——「叢林」諧音「從零」，意喻著一切從零學習，給自己一個全新的開始，賦予生命全新的價值。同年八月來到佛光山叢林學院，正式成為叢林學院專修部一年級學生。

我自以為對走路、排隊、吃飯、睡覺、穿衣等都再熟悉不過了。來到佛學院，一切得重新學習。走路不能讓羅漢鞋發出聲響，但腳趾、腳後跟痛時怎麼辦？排班時前後左右要對齊，萬一被排到第一位當帶班的，快慢該如何拿捏？這一切都沒有標準答案，只能靠用心觀察、揣摩。過堂吃飯，飯菜好吃卻不能多吃，不合胃口也得吞嚥下肚，接受就是唯一的答案。睡覺要右脅而臥，當香燈要早起但不能仰賴鬧鐘，睡到自然醒已經成為過去式。衣服只要兩套就可以從春天穿到冬天，原來生活可以那麼簡單灑脫。在佛學院的學習是「解行並重」、「文武兼備」，初次輪組到雲居樓典座，看到大寮的鍋鏟堪比鋤頭大，當場被嚇傻了，簡直就是練功場嘛，怪不得聽學長說典座會出祖師！在學院期間得到了圖書館公務生的工作，對視書如命的我是夢寐以求的優差啊！妙綱老師給予很多的指導，從此優游法海，這是在佛學院的日子當中最快樂的時段。

印象中，辦公室「香雲堂」的燈好像永不熄滅，夜航的船隻需要塔燈照亮，老師們如燈塔，隨時都等著為學子導航。最常從學長口中聽到的三個字是「老師說」，此三字要比「孔子曰」還具權威。班導覺禹老師、覺了老師恩威並濟，同學們有需要的時候，總是能找到他們。在佛學院有學長的關愛與督促，同學間也彼此互相鼓勵扶持，情誼深厚，是一般世俗的學校所沒有的。此選佛場的選拔結果沒有所謂的第一名、第二名，若能確立修行的方向，堅持行願，人人都是佛。也很慶幸，我「選」對了「佛場」。

在佛學院的第二年如願出家，後被調派南美洲巴西如來寺至今邁入第十二年。師父上人叮嚀「不忘初心」、「佛教靠我」、「為大事也，

何惜生命」等，至今不敢忘懷。滿謙院長在我離開佛學院到巴西前叮嚀「戰戰兢兢」的謙卑處事態度，至今仍然受用無窮。若非當年叢林學院的養成，沒有今天海外弘法的條件。叢林學院是佛光山的僧伽搖籃，是我們共同的美好回憶！

道氣充滿

一九八七年星雲大師六十歲華誕，那一年也是我的大日子——八月廿三日，我終於來到叢林學院了。踏上六十坡，進入佛學院圓門的那一刻，剛才和母親糾結的心頓時安定了下來。我告訴自己：「沒人支持我，但這條路是我自己選擇的，所以我沒有後退之路。」

也許是配合大師六十歲華誕的系列活動，那一年的新生訓練特別的長，為期一個月，據說是有史以來新生訓練時間最長的一期。我們這一班總共有七十二位同學，從大師華誕及一個月後觀音誕及隔年二月一日，我們全班只剩下七仙女沒有出家，一學期之間，全班一片黑鴉鴉的長衫，全是清一色的出家眾同學，聽說也是有史以來最大一班，全班出家比例最高的一期，所以學習風氣特別的好。

因此，我們也被安排加強訓練——整學期典座，我非常幸運的被選入該組。滿可法師形容第一天在圓門看到我的第一眼，一付病懨懨，再看到我典座榜上有名，心想我們會有飯吃嗎？的確，我們的監學永光法師和訓導永藏法師，二位心臟超強的老師，讓我們這群在家沒下廚，煮飯沒概念的新生，報到二十三天就有勇氣出家，因此把我們統統輪流扔進大寮磨練去。

在家七點都叫不醒的人，學院四點半的板聲竟然能讓我起身，並且五分鐘後迅速到大寮就位。遇到煮米漿時，四點要到大寮就位，若是煮豆漿，則三點半就得到大寮磨豆子、起柴火。第一個學期的每一樣學習，都是我們人生的第一次。戰戰兢兢，很用心很用心的學習每一種菜名、菜性、煮法，以最上好的妙味供養大眾修行辦道。每天除了課堂，就是大寮，不管是上課，還是大寮煮菜，只有專心，我沒有多餘的時間重來，所以訓練自己制心一處在當下。

除了典座的二組同學，其他的同學平日沒做過粗活，到了叢林學院聽聞過去的祖師大德在叢林中的種種學習，大家更是嚮往領「行單」的修行。因此，有人爭取當「水頭」，負責專職司水（燒水）給大眾盥洗；有人爭取當「柴頭」，負責專職砍柴、劈柴給大寮煮飯菜使用；有人爭取當「飯頭」，專職負責煮飯給大眾吃……還有許多。那時候，大家上課讀《高僧傳》，不是讀讀而已，而是讀而仿效之，班上的學長們都是搶著做、搶著學，一心想要學習祖師求道的精神。

那段日子真美好，沒有覺得一點點苦，每天一定出坡，到後山撿柴火、劈柴、晾晒木柴，然後疊整齊備用。有時睡到半夜聽到雨聲，負責「柴頭」或大寮典座的同學馬上爬起衝到大寮找帆布遮蓋木柴，以免影響早上典座，大眾沒飯菜可吃。

儘管課餘的時間很有限，大家互相提攜之情處處可見。五堂功課幾乎每堂都要考試，依清法師訓練我們五人一小組，一人不學好，全組都不能過關，所以組長一有時間就來抓緊組員練習梵唄，我們全班同學好像也沒有聽說那一位同學沒過關的。

剛出家時，學長管得很嚴，走路忸怩不大方，馬上繞回到你面前糾正。上殿敲法器，木魚打太快，連在茶水間遇到也不會放過你的，馬上糾正，為什麼打這麼快？你自己有念經文嗎？明天再打這麼快，就把你的木魚槌搶過來。學長嚴厲無私的教導，在食、衣、住、行間，管得比老師更嚴格，他們肩負的使命傳承學院嚴格認真的風氣，學長制在當時還頗有權威的。我們學弟在承襲之間，只有尊重、感恩和傳承使命，一代傳一代。

時間過得真快，今年九月，我在佛光山出家就滿三十年了。當年在佛學院的學習，母親看到我的認真和快樂，她也學佛了，並且叮嚀我，出家了，家裡的事不用擔心，全心把寺院顧好，為佛教做事。

一路回顧來，感恩再感恩。不管我們每一個人在佛光山出家的時間有多久，「我在叢林學院的日子」是我們出家生涯的基石，也是最

難忘、最重要的生命轉換時光——過去、現在與未來。叢林學院的培育，不只讓每個平凡的我們翻轉生命，在弘法的路上成為有用之才，也成為全世界佛教教育的典範——佛光山僧眾在全世界五大洲道場寺務運作、弘法辦道，出眾威儀、唱誦方法、布置風格、法會說法、齋堂用齋、供養出食、活動度眾都有叢林學院教育出來的基本共識。這一切，感恩創辦人星雲大師的智慧和遠見，沒有師父給予我們的因緣，就沒有今日眾弟子在世界各地的表現。願此回向師父上人福壽綿長保安康。

學無止盡

佛光山期頭期尾的調職制度，是師父上人——星雲大師針對每位徒眾所學，或者說為能開發徒眾的潛能而制定。無論是調派至海內外各地道場，或是文化、教育、慈善等單位，每一處都是新的學習。這樣的調職制度，非常人間性，符合人心與人性，每一次輪調所遇到的人事物，也都是學佛歷程中難遭難遇的因緣。

所以，如果每個當下都是生命中一次次經驗累積的果實，那幸運的我，從入佛學院求學到領職服務的二十多年間。其中前前後後三次調派至學院，累積起來，也超過十三年。如今回想起來，除了感到因緣不可思議外，在教學相長的過程中，更體會了出家入道，便是永無止盡的學習。

當年，參加了佛光山第三期短期出家修道會後便報考佛學院。沒有佛學基礎的我，一切也都還在懵懵懂懂中，就這樣打開試卷後映入眼簾的，竟滿是看不懂的佛學名相。這樣也鬧了一個笑話，還記得有一道題目問什麼是「四果」？我心裡想，平常供佛的水果類也可以是一道考題？這我會，那就是蘋果、百香果、奇異果、芒果啦，等到進了學院讀書才知道，原來佛教真有代表證悟層次的「四果」，這「四果」的公案也成為鼓勵初學佛的學子們增加信心的教材。

回想三年的學僧生活，從三藏十二部經論的學習中，培養基礎佛學，得以深入經藏，在日常生活中學習威儀，其他像辦活動、典座、公務、待人接物等等，樣樣都得學習，都必須自己參與實踐，真所謂「千錘百鍊出深山，烈火焚燒莫等閒，粉身碎骨都無怨，留得清白在人間」，這便是大叢林的僧伽教育。

猶記得求學期間，有因緣參與到學部寮區三樓增建及綜合圖書館

的興建工程，當年，常看到師父手裡拿著竹棍在地上畫圖和蕭頂順居士溝通，沒多久，一棟棟的建築物便在神奇中的完成了。在院舍的興建過程中，我們從六十坡下，像螞蟻雄兵般，將一疊一疊的琉璃瓦搬運傳送到院區三樓，說來雖然遠不及四十多前師父開山時的披荊斬棘，但慶幸參與這一期一會的盛事，彷彿可以遙想體會當年開山的歷程。之後，在三年級時，又恭逢一年一度百萬人興學行腳托鉢法會，為期一個月的時間，我們從基隆行腳回本山，手杵錫杖和鉢，真所謂一步一腳印，顧不得是雨水或汗水，有的就是老實修行、步步彌陀。

回想當初出家時父母雖然不贊成卻也沒有阻止，記得出家前父親語重心長的告訴我：「我尊重妳的選擇，要忠於自己所選擇的道路。」大姐也簡短一句勉勵道：「師父引進門，修行在個人。」一路至今，細細品味，人生多少抉擇是在自己，也唯有勇敢面對自己，把握當下每個因緣，才是前進佛道的動力。

畢業第一年，蒙常住慈悲得以在佛學院實習，面對平時生活、學習在一起的學弟妹，突然之間角色的轉換，真的是誠惶誠恐。怕的是，自己佛學基礎並不是那麼扎實，而教育為何也還在摸索中，又該如何帶領學生？一路摸索，在辦活動時因為不懂溝通，也曾遇過處處碰壁的處境。所幸，當時的院長依恆法師寬大的包容和教導，就這樣一年下來，終於了解到師父課徒的辛勞和不易，此中滋味卻不足為外人道。如果說，如今的我或稍懂得些許做人處事的善巧方便，那真要感謝這些年的歷練。

第二年分派至彰化福山學部，當時福山有東院和專一兩個屬性全然不同的班級，包括從十三歲至三十多歲不等的莘莘學子約六十幾位再加上兩位老師。師生除了上課以外，也共同承擔福山寺寺務，寺中大小事，日常生活所需，活動法會皆如儀進行。其中最令自己印象深刻的記憶是，出家後第一次推著購物車上街採購，為了備辦學生的日常用品。原來出家了，仍然脫離不了要打點柴米油鹽醬醋茶這些事，

就這樣四年歲月悠悠而過。若說自己或稍有那麼一點慈悲心，那應該感謝這四年中學生對自己心性的惕勵與成就。

這次再回學院，一轉眼又過了四年。前人或有所謂「寧帶一團兵，不帶一團僧」之感慨。正因為幾乎每一位來到學院學習的求道人，大概都是一般認為具有鮮明的性格，且想法獨特之故吧！而進入僧團學習，首先要接受的就是「有理三扁擔，無理扁擔三」，要把我想、我認為、我覺得等種種「自我感」給粉碎了，在大眾裡學習接受，學習以眾為我，最終要學習能無我，這都是修道路上不斷自我調伏和增上的挑戰。回首來時路，似多言亦未必能盡其意，也唯有身歷其境者方能會得。

四格的人生

佛教有很多跟「四」有關的用語，如「四聖諦」、「四無量心」、「四句偈」、「四弘誓願」、「四大菩薩」……如果佛陀當年是在遊四城門看老、病、死、沙門而改變人生，那麼在佛學院三年一千多個日子，我的人生也從「漂泊」到「靠岸」、從「個人」到「大眾」、從「國內」到「海外」、從「東方」到「西方」的四格變化。

初識

一九九〇年為公司在香港設立分公司，週末到佛香講堂共修，結識佛友 Sabrina，她在初次來台灣找我時，居然先跟我提起要去佛光山叢林學院找一位在院就讀的法師。「佛學院」？我去過佛光山玩了好幾次，怎麼不知道有「佛學院」這樣的地方？所以特地陪友人去參訪，時值學期間，學生不可以會客，所以由佛學院的老師帶領我們參觀，到綜合圖書館時，即刻被那個環境及藏書吸引，內心即刻浮現——如果能在這裡讀書該有多好？但這個即興的念頭，馬上被當時還在享受當背包客遊世界樂趣的我打消，怎麼可能？

踏入

一九九二年決定放逐自己一年在異鄉，找個有雪的地方過冬，所以背著行囊到德國、法國、英國及美國，那時正值佛光山向海外設立道場，看到當時篳路藍縷初創的歐洲佛光山，可能是所有的因緣已經成熟，回台後，家裡起了很大的變故，母親往生，兄長生病，在一切

的家事都處理好之後，腦中浮起佛學院的圖書館，心中掛念草創期的柏林道場，後來因為永莊法師說：「在佛門發心作務，如果沒有佛法，將會自惱惱他。」在他的鼓勵之下，就這樣進入人生的轉折處——佛光山叢林學院。

成長

由於我是插班生，所以在同學都已讀一個學期後，我入學時，所有的規矩都不懂。記得第一次輪組清潔工作時，組長問我：「你以前是什麼的？」心想，掃地跟以前做什麼的有什麼關係？他接著解釋，因為多數剛進學院的人，因為生活很緊張，都要趕時間，只會把自己該掃的地方掃完就走了，我看你會幫忙到大家都完成了才一起離開。那時才知道，這種「雞婆」性格就是菩薩行者的性格！從那時起，一連串精彩難忘的學院生活成就自己從個人到大眾的菩薩道修持：第一年暑假主動去典座，沒煮過給上百人吃的我，每天「上刀山——切到手」、「下油鍋——炸到手」，生不起火、炒不出菜，全組急得像熱鍋上要被罰跪香的螞蟻……，可憐的組長每天還要幫我包紮……。二星期後，被永富老師錯愛——選中當首次啟動弘法布教車布教備用主持人，也跟著學長們學習每天更換場地，不管刮大風下下雨，風雨無阻，到各鄉鎮城市去效法大師當年帶領青年去告訴大家「佛祖來了」！有次敲鑼吶喊時，還被狗群追……。專一在基隆學部，老師們為了讓我們多學習，一學年四次的輪組中，我從組長兼司上下課鐘、德學長、庫頭、圖書館公務生中學到了「守時、本分」。專二回本山出家後，就跟當年度我的圖書館結了不了緣——公務生，之後，從參與梵唄「僧舞」演出或大師香港紅磡演講梵音演出，對佛教以音樂弘法影響的力量印象深刻。春節期間，我認領炒麵，面對成堆高麗菜山及週末幾千人來山用膳的大場面，自己都在默念〈大悲咒〉中完成，後來學長們

告訴我當時的「四格漫畫」——炒麵、行堂送麵、大眾夾麵、盤中一空，熱氣還在空中……學長的結論，因為我都沒有講話及埋怨，所以可以完成這份艱難的工作……。

弘法

由於德國需要法師，所以頂著未乾的戒疤，揮別尚未完成的佛學院學業，踏上海外弘法之途，二十年的歐洲弘法，從德國、奧地利、瑞士到英國倫敦，對圖書館的藏經、母校師長的培育都難忘，常懷感恩，所以對於文教弘法都是念茲在茲，從參加國際書展，翻譯及推廣師父上人的書籍、學佛營到書院，現在對菩提園幼童人才的培育更覺急迫，如何將漢傳佛教到歐洲本土化？答案只有培育當地菩薩道修持的人才，人能弘法，唯有人才能將人間佛教弘揚於人間。

雖然離開佛學院很多年，但偶爾還是會回山去禪堂短參，就是想要過叢林的生活，跟著大眾一起出坡、行堂，我永遠是「眾中之一」。

我們看佛陀坐在大殿裡，信徒向他禮拜，他總是淡淡的，
但是彼此心中的那一份情，卻是亙古綿長的，
所以說君子之交淡如水，淡淡的人情更長遠、更雋永。
在佛門，師生之間、學長學弟妹之間的道情，
雖然淡如水，卻看到了道比情更美。
情會變，道不會變；情是一時的，道是永恆的。

沉潛自覺的時光

為何想到佛光山叢林學院念書？是對生命真理的渴求，對佛法淨域的嚮往，也是因為受星雲大師的《釋迦牟尼佛傳》的影響。

當時的我，動念填了三次入學單，都壓在抽屜裡，直到第三次我終於下定決心往前跨出。這一跨即業感緣起——全身長不知名的泡疹，帶著藥，還是堅持南下，走入山門。

掃塵除垢

佛學院一年級時，什麼事都很新鮮有趣！輪組打掃這件事，對新生而言是一項磨練！我們和學長一起輪組掃地，學長帶著學弟妹，如果當週被分配掃「六十坡」，那就是大挑戰了。

在家掃地無須拿大竹掃帚，可是掃「六十坡」這塊大地，非得習慣它不可，不但要和它培養默契，還要迅速完成任務，常常都是掃完地，手也紅腫破皮了，趕在早上八點半之前，衝回教室安坐好，等著第一堂課開始。

每週一的大掃除，是我最期待的。整個院區會播放著輕鬆佛樂，全院學生總動員，將平時沒打掃好的地方，徹底再打掃。記得清掃浴室，是整個人蹲在地上，拿著菜瓜布，一塊塊磁磚刷洗，當看見一層層的汙垢，從磁縫中流瀉下來時，好像自己內心的塵垢，也一片片的剝落，當下對所謂的「掃地掃地掃心地，心地不掃空掃地」有一番省思領會。院區內的大水溝也是必掃之地，拿著長刷從最前頭開始刷，並一一將水溝上頭的石板塊搬開，和學長齊力將水推到水溝的最後頭，很吃力，全身幾乎都溼透了，但當看見整條水溝潔淨暢通時，內心有

說不出的歡喜！

護院犬

佛學院有養一些「護院犬」，牠們各有個性。記得有一隻叫「小紅」的狗，牠來學院時還很年輕，有一次大掃除時，負責照顧小狗的「護生」同學，牽牠們出來洗澡，小紅一心想要出去玩，當我走過去牠身旁時，牠竟看著我，跺著雙腳，發出聲音，希望我為牠鬆綁，讓牠出去玩。當時看了牠，真是覺得很好笑！牠就像一個小朋友，向我訴苦趕快放了牠。我看著牠笑著說：你先等一下，等身體乾了，護生來了，就會帶你去兜風。和小紅的趣事還有一樁，是有一年的春節，留在佛光山幫忙殿堂事務，有一天晚上，小紅竟跑出來了，看見牠，我嚇了一跳，擔心遊客會被驚嚇到，當下我對著離我一小段距離的牠大喊：「小紅回去！」牠看著我的眼神，馬上轉頭回院區，我呼了一口氣，心想還好牠聽話，不然我真不知要如何追趕牠回院區。

上殿修持

在佛學院過了四年的幸福生活，樸實又清淨，奠定了我們行住坐臥的基本佛門行儀。排班是每天的行門功課，早晚課及三餐過堂都要排班。而上殿修持是每天的必備功課，院區裡的燕子會和我們一起修持，習慣於牠們的叫聲和在佛學院的上空飛翔，感覺像是一個大家庭，大家一起共修，很有趣、很溫馨！

修持早晚課，是我們的精神加油站，任何心情點滴都可以和「大悲殿」的觀世音菩薩訴說。記得爸爸和我說過，他說如果他能看見「阿彌陀佛」，他就相信這世上真有佛了，可是至今爸爸都沒有見過，倒是我在學院時就見到了「觀自在菩薩」。

清楚記得那天是準備進「大悲殿」做晚課，就在上樓梯接近殿堂時，頭一抬就見到了菩薩，呈現「觀自在」的姿態，端坐在大悲殿的竹林上空，見到了那一剎那，我沒有很訝異，只是身心很自然的拜了下去，沒有第二念，等有念頭時，就是我得進去做晚課了。

其實「佛」早在我心中，從小我就很依賴佛菩薩的庇護加持，且深信不疑。所以，「佛」有沒有讓我見到，對我而言，我都相信。但菩薩真的是很光明莊嚴，很殊勝！深信〈讚佛偈〉對諸佛的稱讚，的確是：「天上天下無如佛，十方世界亦無比；世間所有我盡見，一切無有如佛者。」

筆耕弘法

西元二千年是《人間福報》的創刊年，也是我在佛學院的第三年，當時每班都只有一份報紙，大家都視為珍寶。

有一天，老師告訴我們關於必須支援《人間福報》寫作的事情，當時找了十幾位同學筆耕，我是其中一位和文化有緣的人。那也是我最歡喜的時光，每週都交稿一篇，因不知交出的文稿是否會被錄用，因此只要《人間福報》一送到班上，就是先快速翻過，看自己的文章有沒有被刊登，當時真是好刺激，生活中滿腦子隨時都在找資料、留意人事物，希望內容能寫得更好，讓更多人閱讀。

佛學院畢業後，與文化的緣分持續到現在，在《人間福報》十多年了，歡喜自在過著弘法的工作。今天能夠勇敢面對一切挑戰，感謝佛學院老師的身教影響及宗門思想、佛門行儀的養成，有幸擁有那段沉潛自覺的時光，才有現在的我。

發心就有力量

佛光山溫哥華講堂於一九九四年落成開光，星雲大師承諾信徒，只要有四百人能背誦《心經》，就到溫哥華講經。不到一年的時間，會背《心經》的信眾就已經超過五百名了，隔年大師法駕溫哥華，為求法心切的信眾講解《般若心經》。在這樣的因緣下我有幸得遇恩師星公上人。

師父告訴我，有心學習佛法，不管最後是否走修道這條路，必定要念佛學院，唯有如此方能了解佛門規矩，對佛學名相、專有名詞才不會解錯、念錯，連平常熟悉的行、住、坐、臥都得重新學習。原來學佛還這麼不簡單！遂聽從師父的話，放下申請加國公民的打算，回佛光山就讀叢林學院。

雖然住過泰山禪淨中心、溫哥華講堂，但對於佛學院生活規矩懵懂無知，對於法器司打一竅不通，在學院裡鬧了許多笑話，也歷經嚴格的學習。猶記得第一次進大寮，庫頭學長看我弱不禁風，只派個洗菜的工作給我，我當下認認真真的搓洗著每片菜葉，眼見開飯時間就要到了，卻還沒菜可入鍋，學長只好帶人來解危。隔天學長派我更容易的工作，站在炸鍋旁放豆包。我眼看著一大鍋咕嚕冒泡的熱油，心中警惕著，只敢將豆包拿得高高地往裡丟，想也知道後果慘不忍睹，還勞駕師長為我處理被油燙傷的傷口；星期一的大掃除就只能愧疚的看著同學、學長洗刷鍋碗瓢盆。第一學期就在緊張、冒失中度過。

一年級下學期，有幸參與香港、新加坡的梵唄演唱，見識到海外師兄弘法的辛苦，也感動信徒對法的渴求，及做義工的法喜。更佩服師父法傳五大洲的宏願，二十多年前學佛風氣未開，大師首用音樂弘法，廣開多元學佛大門，足見大師的睿智及為教的用心。

在學院時，參與製作春節平安燈的行列，也是難忘的經驗，不僅要製作燈籠，且要沿著寶橋、菩提路爬上爬下掛燈籠，這些都是我前所未有的經驗，卻也是滋養我法身慧命的重要資糧。

一九九七年，揮別叢林學院，我接受常住的調派，到國際佛光會中華總會，不久調任草屯禪淨中心監寺。當下以「還沒有學好」為由推託，師父勉勵：「一等的學習，是自己教自己。在教別人的同時，自己成長得更快。」聽到師父如此剴切的鼓勵，讓我穩定了惶惑不安的心。

回首擔任草屯禪淨中心當家的日子，心中充滿感謝，尤其「九二一大地震」賑災的歷練，讓我在寺務運作的經驗及弘法的信心上，跨越大大的一步。賑災過程中，心中只想到「還能給人什麼」，當下深刻的領悟到師父所告誡的「慈悲喜捨」的真義，我更加堅定以「人間佛教」弘揚佛法的信念。

隔年，師父又讓我接任東海道場住持。領了這個職，才深切理解「誠惶誠恐」的滋味，卻也由衷感謝這樣的因緣，讓我在每次面對更大的挑戰時，更認清自己的渺小，並且心甘情願的學習謙虛和包容。

二〇〇三年，常住再度調派，讓我到彰化福山寺擔任中區總住持。雖知這個任務挑戰性很高，但也只問師父：「到了福山寺，我要怎麼做？」師父回答得更簡單：「辦學。」於是，我謹銜師命，執行「寺院學校化」的使命。

從福山寺調派到台中惠中寺至今，轉眼至今已經十餘載。陸續完成美術館、滴水坊的設立，推動社教課程、文化活動、友寺拜訪、敦親睦鄰等寺務。數年來，假如說能累積些許的篤定、耐力與韌性，除了感謝師兄們、信徒大眾給予我成長的空間，這都得歸功於佛光山常住及師父上人給予我淬礪的機會，讓我時刻謹記「弘法是家務，利生為事業」的重要性，同時開啟我勇於承擔學習的潛能。

我在佛學院的日子②

文　佛光山叢林學院　提供
圖　吳曉惠　繪製
照片　法堂書記室・佛光山叢林學院　提供

總編輯　賴瀅如
主編　田美玲
編輯　蔡惠琪
內頁設計　蔡佩旻
封面設計　許廣僑

出版・發行　香海文化事業有限公司
發行人　慈容法師
執行長　妙蘊法師

地址　241新北市三重區三和路三段117號6樓
　　　110台北市信義區松隆路327號9樓
電話　(02)2971-6868
傳真　(02)2971-6577
香海悅讀網　www.gandha.com.tw
電子信箱　gandha@gandha.com.tw
劃撥帳號　19110467
戶名　香海文化事業有限公司

總經銷　時報文化出版企業股份有限公司
地址　333桃園縣龜山鄉萬壽路二段351號
電話　(02)2306-6842

法律顧問　舒建中、毛英富
登記證　局版北市業字第1107號

定價　新臺幣320元
出版　2020年8月初版一刷
ISBN　978-986-99122-1-1
建議分類　佛光山｜佛學院｜叢林教育｜
　　　　　勵志｜翻轉生命

國家圖書館出版品預行編目(CIP)資料

我在佛學院的日子 / 佛光山叢林學院著. -- 初版. --
新北市 : 香海文化, 2020.08
　冊 ; 12.8×18.5公分
ISBN 978-986-99122-1-1 (第2冊 : 平裝)

佛光山｜佛學院｜叢林教育｜勵志｜翻轉生命
220.7　　109008542